saveurs de
légumineuses

Données de catalogage avant publication (Canada)
Saint-Amand, Manon

Saveurs de légumineuses : 125 recettes pour mieux les connaître et les cuisiner

1. Cuisine (Légumes secs). I. Titre.

TX803.B4S24 2003   641.6'565   C2003-940188-X

DISTRIBUTEURS EXCLUSIFS:

• Pour le Canada
et les États-Unis :
MESSAGERIES ADP*
955, rue Amherst
Montréal, Québec
H2L 3K4
Tél.: (514) 523-1182
Télécopieur : (514) 939-0406
* Filiale de Sogides ltée

• Pour la France et les autres pays :
VIVENDI UNIVERSAL PUBLISHING SERVICES
Immeuble Paryseine, 3, Allée de la Seine
94854 Ivry Cedex
Tél.: 01 49 59 11 89/91
Télécopieur: 01 49 59 11 96
Commandes: Tél.: 02 38 32 71 00
              Télécopieur: 02 38 32 71 28

• Pour la Suisse:
VIVENDI UNIVERSAL PUBLISHING SERVICES SUISSE
Case postale 69 - 1701 Fribourg - Suisse
Tél.: (41-26) 460-80-60
Télécopieur : (41-26) 460-80-68
Internet: www.havas.ch
Email: office@havas.ch
DISTRIBUTION: OLF SA
Z.I. 3, Corminbœuf
Case postale 1061
CH-1701 FRIBOURG
Commandes: Tél.: (41-26) 467-53-33
              Télécopieur: (41-26) 467-54-66
              Email: commande@ofl.ch

• Pour la Belgique et le Luxembourg :
VIVENDI UNIVERSAL PUBLISHING SERVICES BENELUX
Boulevard de l'Europe 117
B-1301 Wavre
Tél.: (010) 42-03-20
Télécopieur: (010) 41-20-24
http://www.vups.be
Email: info@vups.be

Pour en savoir davantage sur nos publications,
visitez notre site: **www.edhomme.com**
Autres sites à visiter: www.edjour.com • www.edtypo.com
www.edvlb.com • www.edhexagone.com • www.edutilis.com

Pour joindre l'auteur: manonstamand@hotmail.com

Dépôt légal: 1er trimestre 2003
Bibliothèque nationale du Québec

ISBN 2-7619-1802-9

Gouvernement du Québec – Programme de crédit d'impôt pour l'édition
de livres – Gestion SODEC.

L'Éditeur bénéficie du soutien de la Société de développement des entreprises
culturelles du Québec pour son programme d'édition.

Nous reconnaissons l'aide financière du gouvernement du Canada par
l'entremise du Programme d'aide au développement de l'industrie de
l'édition (PADIÉ) pour nos activités d'édition.

saveurs de
légumineuses

125 recettes pour mieux les connaître et les cuisiner

Manon Saint-Amand

LES ÉDITIONS DE
L'HOMME

Cléopâtre avait son goûteur et j'ai aussi le mien. Je le remercie pour son ouverture d'esprit, car bien que très carnivore lorsque je l'ai connu, il a su se laisser séduire par l'aventure gastronomique. Les légumineuses font maintenant partie de ses préférences.

Avant-propos

C'est par curiosité d'abord que je me suis intéressée aux légumineuses. À une époque où j'avais le goût du voyage dans l'âme et le compte en banque dans le rouge, j'ai utilisé le moyen de transport le plus rapide et le moins coûteux que je connaissais : la bouffe. Je me suis mise à lire des livres de cuisine, à expérimenter de nouvelles recettes et à rêver aux paysages exotiques qui les accompagnaient. Je découvrais le pois chiche et la cuisine arabe, les épices et un univers de nouveaux ingrédients. Je partais à la découverte de Montréal, de ses quartiers ethniques, et j'osais franchir le seuil de ces magasins qui m'étaient complètement inconnus. Je faisais semblant de savoir ce que je venais y chercher, comme si moi, la jeune Québécoise, j'avais la science infuse de la cuisine internationale. Je pouvais passer deux heures à faire et à refaire les rangées en examinant chaque pot et en évaluant le potentiel de chaque article qui m'était inconnu. Si j'aimais la forme du produit ou si son odeur m'inspirait, je me disais qu'à un moment donné, ça pourrait servir à quelque chose. Je ressortais de l'endroit toute fière d'ajouter une nouvelle culture à mon paysage gastronomique. Bref, j'ai fait le tour du monde à Montréal en autobus. Ma famille a beaucoup bénéficié de mes expérimentations culinaires, puisqu'à cette époque je passais mes fins d'après-midi à concocter des recettes. Je vous livre ici avec plaisir le fruit de ce que j'ai fricoté, élaboré et recommencé au fil du temps ainsi que mes plus récentes trouvailles.

Introduction

Pourquoi un livre sur les légumineuses ? Regardez dans votre armoire de cuisine. N'y a-t-il pas une boîte ou deux de haricots rouges ou de pois chiches qui traînent derrière vos conserves de jus de tomate ? Et si vous fouillez encore un peu, peut-être y trouverez-vous un vieux sac de lentilles poussiéreux. Au moment même où vous mettrez le grappin dessus pour le jeter à la poubelle, vous vous direz que ce n'est pas vraiment du gaspillage puisque de toute façon il est trop vieux, et que vous ne savez pas vraiment quoi en faire. Vos conserves de légumineuses subiront le même sort ou encore vous patienterez jusqu'à la guignolée de décembre prochain pour vous en départir. Vous penserez faire des heureux, mais les gens qui recevront ces denrées resteront perplexes, ne sachant trop s'ils doivent s'attrister ou se réjouir devant des haricots réniformes, tout aussi colorés les uns que les autres. À moins que les récipiendaires ne sachent cuisiner les légumineuses ; alors là, vous aurez vraiment fait des heureux !

Ce livre a été conçu pour vous. Pour que vous adoptiez les légumineuses, qu'elles fassent partie de votre famille d'aliments. Pour que vous les expérimentiez, les savouriez, les écrasiez, les mélangiez, les épiciez, les noyiez, les transformiez ; pour que vous les baigniez doucement et les serviez autrement qu'avant. Vous et votre santé ne pouvez que profiter des légumineuses. De plus en plus, les chefs de la gastronomie moderne les utilisent. Les nutritionnistes s'entendent aussi pour dire qu'elles recèlent une richesse exceptionnelle. D'ailleurs, les légumineuses ressemblent à de belles pierres précieuses.

Vous n'êtes pas végétarien? Tant mieux, moi non plus! Et vous n'avez pas besoin de l'être pour apprécier les légumineuses à leur juste valeur. Si vous aimez manger, cuisiner; si vous êtes parfois pressé, si vous désirez perdre du poids, manger pour pas cher, améliorer votre santé, changer votre menu; si vous êtes jeune, moins jeune, encore moins jeune; si vous avez des ados ou pas d'enfants du tout; si vous avez envie de changement ou en avez assez de manger au restaurant, vous êtes dans la bonne catégorie. Vous aimerez le réconfort d'une bonne soupe chaude à la toscane, la fraîcheur d'une salade cubaine, la simplicité d'un pâté chinois revampé et la surprise d'un croustillant aux canneberges, aux nectarines et aux pistaches à la menthe. Vous vous laisserez duper par l'apparence d'un pain de viande aux lentilles, vous redemanderez des nachos aux haricots rouges et vous vous étonnerez de la succulence des brownies magiques. Point de départ de votre créativité, n'hésitez pas à modifier les recettes et à les adapter à votre goût. Bon appétit!

Un peu
d'histoire

La fève est une des premières nourritures qui ont été cultivées. On a longtemps cru que les premières cultures de légumineuses originaient du Moyen-Orient, mais c'est en Asie du Sud-Est, il y a plus de 11 000 ans, qu'on a commencé à les cultiver. Cependant, on ne s'entend pas sur l'origine exacte de la paternité (la mère étant la terre!) des premières cultures de fèves. Des spécialistes modernes croient qu'elles ont été cultivées et par la suite améliorées, puis diversifiées autour de la Méditerranée et en Asie du Sud-Ouest. Mais on dit aussi que les Espagnols découvrirent des haricots secs lorsqu'ils conquirent l'Amérique du Sud, et qu'ils les introduisirent en Europe. Certaines espèces étaient déjà cultivées par les Aztèques en Amérique du Sud il y a plus de 7000 ans. Les pois et les lentilles arrivèrent avant les haricots. On peut conclure que vu l'immensité de la famille des légumineuses, toutes ces données sont exactes : certains haricots sont de souche sud-américaine et d'autres de souche asiatique. D'ailleurs, certaines légumineuses sont cultivées plus vers le nord ou en altitude et tolèrent la fraîcheur alors que d'autres n'apprécient que les climats tropicaux.

- À l'époque des Grecs, le haricot (Dieu seul sait lequel) servait au jugement des criminels : chacun des jurés tirait une fève d'une urne où était placé un mélange de haricots noirs et blancs. Si la majorité des haricots tirés étaient blancs, l'accusé était acquitté. S'il y avait plus de noirs que de blancs, l'accusé était condamné.

- Dans la Rome antique, quatre familles notables reçurent un nom inspiré des légumineuses. Ainsi naquirent les Lentulus en l'honneur des lentilles, les Ciceros d'après les pois chiches, les Fabius pour les favas, et les Pisos à cause des pois.

- Christophe Colomb apporta des pois chiches lors de son voyage aux Caraïbes au xve siècle.

- Au xviie siècle, on croyait que les légumineuses étaient un remède pour traiter la calvitie !

- Au début du siècle dernier, le président Theodore Roosevelt a déclaré que c'était grâce aux nourrissantes légumineuses que les États-Unis avaient remporté la victoire lors de la bataille de San Juan.

- Durant la Deuxième Guerre mondiale, l'armée américaine envoya une multitude de poches remplies de haricots secs pour nourrir les troupes en Europe.

Les légumineuses sont-elles fèves, pois ou haricots ?   13

La plupart des légumineuses sont annuelles. Elles poussent dans des buissons nains ou géants selon la variété. La plante, dont le fruit se cache dans une gousse petite ou longue (celle-là même qui sert à l'identifier), et la famille de cette même plante, est ce qu'on appelle la légumineuse. Or, sa famille est très nombreuse : elle inclut plus de 13 000 espèces réparties dans au moins 600 genres. Il est alors facile de comprendre pourquoi la confusion règne entre la fève et le haricot. Dans sa famille, la légumineuse compte entre autres sortes la fève, classée par la botanique comme étant l'espèce

Vicia, les sojas (l'espèce Glycine), les haricots (l'espèce Phasoleus) et les lentilles qui font partie de l'espèce Lens. Confus ?

D'une façon générale, et pour simplifier les choses, on pourrait dire que :

- le terme « fève » représente la gousse entière (aussi appelée cosse, d'où l'expression écosser des fèves), et que son contenu, le fruit, est le haricot ;

- dans le vocabulaire courant, on utilise parfois le mot « fève », parfois « haricot », parfois « pois » pour désigner la même chose : fèves ou haricots de soja, haricots verts frais ou petites fèves ou petits pois verts frais.

Peu importe leur nom, les légumes secs sont tous des légumineuses dont l'identité est nuancée. Ainsi, la fève reçoit plusieurs noms, au gré des peuples qui la consomment : on l'appelle *pol* en hébreu dans la Bible, *foul* ou *fal* en arabe, *fava* en italien. Quant aux Romains, ils la nommaient *faba*. En Europe, on utilise surtout le terme haricot, alors qu'au Québec on préfère le mot fève. Les Américains utilisent *legumes* ou *beans,* dont nous avons tiré nos fameuses *bines*. Peut-on imaginer Madame Tartempion, assise avec ses amis à la cabane à sucre, un gallon de sirop d'érable sur la table, les yeux rivés sur les pets-de-sœurs, mastiquant une croustillante oreille de crisse et demandant à la serveuse : « Un autre plat de haricots s'il vous plaît ! » Et la serveuse de lui répondre : « Quoi ? Ah ! vous voulez dire des bines ? » Comme les haricots ont toujours été une denrée peu coûteuse, au début du XIXe siècle, les *beanery* étaient des endroits où les gens pouvaient manger à peu de frais. Encore aujourd'hui, au Québec, la « binerie » du coin a la même vocation.

14

Légumineuse fraîche ou séchée ?

Lorsqu'elle est cueillie très jeune, la gousse, c'est-à-dire l'enveloppe du haricot (ou de la fève si vous préférez), peut être consommée fraîche, mais cuite. Quelques variétés de jeunes gousses se retrouvent dans nos supermarchés tels que les très célèbres fèves gourganes, les haricots de Lima ou les romains. Après un certain temps, lorsqu'elle atteint sa pleine maturité, la gousse devient fibreuse et remplie d'amidon, ce qui la rend non comestible. On peut cependant l'écosser et consommer ses graines fraîches (si on en trouve sur le marché, ce qui est assez difficile) ou séchées, mais bien entendu cuites ou germées. Sur les étalages de nos magasins d'alimentation, on retrouve les légumineuses surtout séchées, en vrac, surgelées ou en conserve.

Lorsque les gousses sont desséchées et décolorées, elles éclatent. Les graines durcies, c'est-à-dire les haricots, tombent d'eux-mêmes. C'est avant cette étape que la récolte doit être effectuée. Une gousse peut mesurer 1,5 cm et contenir 1 ou 2 graines (c'est le cas de la lentille), ou mesurer 10 cm et contenir 10 à 20 graines (c'est le cas du haricot mungo).

Saviez-vous que...

- La caroube est une légumineuse tout comme l'arachide qui, elle, fait partie de la même famille que les haricots.
- Étant donné que les légumineuses absorbent l'azote contenu dans l'air, elles constituent une source de protéines qui aide à maintenir la fertilité du sol en y transportant l'azote. Plutôt que de se contenter de retirer à la terre ses éléments nutritifs, elles lui en donnent aussi.

15

Qu'ont-elles à nous offrir ?

La forme, la couleur, la saveur et la valeur nutritive des légumineuses varient en fonction de l'espèce. Hautement considérée par certains mais méprisée par d'autres, la fève est parfois qualifiée de viande du pauvre parce qu'elle ne coûte pas cher. Elle n'a pourtant de pauvre que sa teneur en matières grasses et en acides aminés, qui sont essentiels à l'organisme, assurant la synthèse des protéines.

Envisageant cette carence d'un mauvais œil, la gastronomie entreprit de marier les légumes secs avec les céréales. Ce fut l'union parfaite et partout dans le monde on célébra cette symbiose : l'Afrique du Nord créa le couscous aux pois chiches, l'Amérique du Sud nous donna la tortilla aux haricots, l'Inde le riz aux lentilles et l'Asie, les nouilles, le riz et le soja. Les céréales apportent aux légumes secs les acides aminés qui leur manquent, et ceux-ci compensent le manque de lysine des céréales.

Les légumineuses renferment des glucides (ou sucres) complexes qui réduisent le taux de cholestérol dans le sang. Ces glucides complexes, qui ont un index glycémique peu élevé, sont transformés lentement en énergie et stockés dans les muscles sous forme de glycogène.

Valeur nutritive

Une portion de 250 ml de soja renferme presque autant de protéines que 100 g de bœuf haché ; c'est la légumineuse par excellence puisque son pourcentage de protéines est le plus élevé. Elle en contient jusqu'à 35 % alors que la moyenne va de 17 % à 25 % pour les autres. Le soja renferme aussi plus de matières grasses que les autres légumineuses, mais ce sont de bons gras.

Les légumineuses, selon la variété, contiennent des vitamines du groupe B (thiamine, niacine, B6), de l'acide folique, du calcium, du phosphore, du zinc, du cuivre et du

Gaz et ballonnements : les bruits courent...

On accuse souvent les légumes secs d'être responsables de certains bruits et de certaines odeurs. Afin de mieux comprendre ce qui noircit leur réputation, examinons la situation. La légumineuse étant un aliment qui fermente, elle contient de 5 à 7 % de sucres complexes. Ces sucres sont non digestibles, car ils ne sont pas décortiqués par les enzymes de la digestion : le stachyose, le verbascose et le raffinose. Ceux-ci vont fermenter plus longtemps pour être convertis en sucres simples assimilables grâce aux bactéries intestinales. Le corps libère alors beaucoup d'hydrogène et du gaz carbonique (d'où les gaz et ballonnements) puisque ce sont le contenu intestinal et les bactéries de l'intestin qui font fermenter le résidu plus que d'habitude. Chez certaines personnes, la fermentation est plus longue. Les intestins peuvent par contre s'adapter aux fibres des légumineuses si on les introduit graduellement dans son alimentation. Le corps et le système digestif produisent normalement de 1 à 3 litres de gaz par jour, que nous évacuons en petite quantité de 12 à 25 fois dans une journée. La moitié de la production de ces gaz provient de l'air que nous aspirons en mangeant ou en buvant, et l'autre provient de la fermentation dans la flore intestinale.

magnésium. Fraîches ou germées, elles offrent de la vitamine C en petites quantités. On suggère de manger un aliment contenant de la vitamine C — agrumes, brocoli, chou-fleur, poivron — au même repas que les légumineuses afin que le corps puisse assimiler plus aisément le fer qu'elles contiennent en grande quantité. Le thé, par contre, diminue l'absorption du fer. Contenant peu ou pas de matières grasses, les fèves constituent une excellente source de fibres. À titre d'exemple, 200 g (1 tasse) de légumineuses cuites fournissent 7 g de fibres et 45 g ($\frac{1}{2}$ tasse) de céréales All Bran en fournissent 10 g.

En principe, le corps finit par s'habituer à l'ingestion de légumineuses et les flatulences tendent à diminuer ou à disparaître. Il existe cependant un produit nommé Beano^MC, vendu en pharmacie, qui prévient le ballonnement, et la sensation d'inconfort que cela provoque ainsi que d'éventuelles douleurs dues aux gaz. L'intolérance aux glucides complexes est aussi appelée l'IGC. La compagnie qui le produit prétend dans sa publicité qu'on peut souffrir d'intolérance aux glucides complexes « lorsque l'enzyme nécessaire pour digérer [ceux-ci] nous fait défaut ». Or, comme nous l'avons vu précédemment, ni vous ni moi ne disposons dans notre corps de l'enzyme servant à décomposer le raffinose et la stachyose contenus dans les fèves. Néanmoins, ce produit que je n'ai jamais essayé peut sûrement s'avérer efficace dans des cas extrêmes. Si on le laisse travailler seul, le corps prend quatre semaines en moyenne pour s'habituer aux légumineuses. À vous de choisir si vous préférez user de patience ou de Beano^MC !

Pourquoi manger des fibres ?

Les fibres n'ajoutent pas de valeur nutritive à notre alimentation, mais elles sont essentielles à cause de leur effet physiologique dans notre corps. Elles donnent une sensation de plénitude qui dure longtemps et elles entretiennent la flore saine du côlon. Elles servent de moyen de transport aux aliments digestes afin que notre corps les assimile plus lentement, ce qui atténue notre envie de manger davantage. Les fibres solubles des légumineuses absorbent l'eau et se gonflent, ce qui contribue à abaisser le taux de glucose et de cholestérol dans le sang. Les fibres insolubles, pour leur part, régularisent le fonctionnement du côlon.

« Germiner » ou jardiner ?

Rendues célèbres grâce à la cuisine chinoise, les pousses de haricots mungo, ou chop suey, sont à mon avis des germinations plus connues que la luzerne. Comme on les retrouve facilement dans presque tous les supermarchés, bien étalées parmi les autres légumes, plusieurs personnes ne savent pas qu'elles sont issues de la germination d'une légumineuse.

Lorsque le haricot est germé, il devient vivant grâce à l'eau, à la lumière et à l'air. Cela réduit de 15 à 45 % la quantité de sucres complexes non assimilables des légumineuses, ce qui facilite le travail de la digestion. Les germes renferment généralement plus d'éléments nutritifs que les haricots dont ils proviennent. La germination, par son action enzymatique, augmente la teneur en protéines des haricots ; celles-ci se transforment en acides aminés. On assiste aussi à une augmentation du taux de vitamines lorsque le haricot est germé ; les tiges se remplissent de chlorophylle et c'est ainsi que le petit haricot tout sec qui était bien caché dans le fond de notre armoire devient soudainement vivant ! Si vous avez des enfants, « germiner » peut être une activité agréable de jardinage intérieur à réaliser avec eux. Si vous souhaitez tenter l'expérience, voici un petit tableau pour vous guider.

GRAINES	TEMPS DE TREMPAGE À FAIRE AU PRÉALABLE	TEMPS DE GERMINATION	LONGUEUR DE LA POUSSE AVANT DE CONSOMMER LA GRAINE
Azuki	12 à 24 h	3 à 5 jours	1 à 2 cm
Pois chiches	12 à 24 h	2 à 4 jours	2 cm
Lentilles	12 à 24 h	3 à 4 jours	1 à 2 cm

19

Idéalement, on recommande de choisir des haricots biologiques vendus dans les magasins d'aliments naturels, mais ce n'est pas essentiel. Les lentilles et les haricots mungo n'ont pas besoin d'être cuits après la germination, mais les autres fèves, oui. On peut faire germer la plupart des légumineuses, comme la lentille brune ou verte. Par contre, la lentille rouge ne germe pas puisqu'elle est décortiquée. Sachez qu'une légumineuse de mauvaise qualité ne germera pas, mais pourrira plutôt.

Il n'est pas nécessaire de se procurer un germoir sophistiqué comme ceux que l'on vend dans les magasins d'aliments naturels pour faire de la germination. Mieux vaut utiliser les choses que l'on a sous la main.

Voici comment procéder :

1. Déposer une petite quantité de haricots préalablement triés au fond d'un bocal en verre de type Mason. Si vous en mettez trop, les graines auront de la difficulté à germer, surtout s'il s'agit de haricots plutôt gros. Par contre, les lentilles peuvent être plus nombreuses puisqu'elles adhèrent aux parois intérieures du bocal : il y a donc plus de place pour elles. En général, je dépose au fond du bocal une couche d'environ 2 cm de graines.

2. Remplir le pot d'eau.

3. Sur l'ouverture du bocal, déposer une double épaisseur de mousseline, un morceau de moustiquaire ou du tissu de tulle. Fixer le tissu avec un élastique.

4. Laisser tremper de 12 à 24 h.

5. Jeter l'eau de trempage (ou la garder pour arroser les plantes, ce qui leur fera un engrais naturel). Rincer abondamment sous le robinet.

6. Déposer le bocal avec une inclinaison de 45° dans une casserole ou un plat, afin que l'eau puisse s'écouler du pot tout en maintenant un environnement humide.

7. Recouvrir le tout d'un linge pour que les germes puissent faire leur travail dans le noir.

8. Rincer sous l'eau du robinet une fois le matin et une fois le soir.

Au bout de 24 h, on commence déjà à apercevoir de petites tiges. Lorsque la période de germination est terminée, mettez-les dans un plat recouvert de papier essuie-tout afin d'absorber le surplus d'humidité. Vous pouvez les laisser à la lumière du jour quelques heures pour développer la chlorophylle avant de les mettre au frigo. Pour avoir toujours des germes prêts à consommer, faites germer des graines régulièrement, à quelques jours d'intervalle.

Trempage et cuisson

Les lentilles, les pois cassés et les haricots à œil noir n'ont pas besoin de trempage. Plus les haricots secs sont vieux, plus ils nécessitent un long temps de trempage et de cuisson. Il est donc préférable de les acheter en quantité raisonnable à la fois.

Il faut toujours faire tremper les légumineuses dans un minimum de quatre fois leur volume d'eau.

> **On doit faire tremper les légumes secs avant de les faire cuire pour:**
>
> 1. les réhydrater; on réduit ainsi la durée de cuisson (qui est quand même longue, avouons-le);
> 2. réduire leur teneur en sucres indigestes, qui causent des flatulences.

Il est fortement recommandé de changer l'eau au moins une fois, si possible, durant la période de trempage. Évidemment, lorsqu'on les fait tremper pendant la nuit, l'opération est plus ardue; personne ne veut se réveiller au beau milieu d'un rêve, aussi hurluberlu soit-il, pour l'amour de ses légumineuses! Le changement d'eau empêche la fermentation des haricots et aide à contrer le fameux problème de flatulence. N'ajoutez jamais de sel ni à l'eau de trempage ni à l'eau de cuisson. Le sel forme une barrière protectrice, empêchant la graine d'absorber l'eau. Je suggère de ne saler les fèves que lorsque vous les incorporerez, une fois cuites, dans une recette. Ne pas ajouter non plus de bicarbonate de soude. Il n'est pas nécessaire de placer le bol de trempage au réfrigérateur. Il suffit de le laisser sur le comptoir de cuisine et de changer l'eau une ou deux fois au cours des heures de trempage.

Une fois la période de trempage terminée, jetez l'eau et rincez les légumineuses sous le robinet. On procède alors à la cuisson avec une nouvelle quantité d'eau propre. Si l'ajout d'eau s'avère nécessaire durant la cuisson, il est préférable d'utiliser de l'eau bouillante.

21

Temps de cuisson des légumineuses

LÉGUMINEUSE	TREMPAGE	CUISSON	CUISSON SI LES HARICOTS ONT PRÉALABLEMENT GERMÉ PENDANT 2 JOURS
Fèves de soja	Une nuit ou 12 h	3 à 4 h	1 ½ h ou moins
Fèves gourganes	Une nuit ou 12 h	1 ½ à 2 h	1 h à 1 ½ h
Flageolets	Pas de trempage	1 à 1 ½ h	30 min ou moins
Haricots adzuzi	Une nuit ou 12 h	30 à 45 min	30 min ou moins
Haricots blancs	Une nuit ou 12 h	1 h à 1 ½ h	–
Haricots cannellini	Une nuit ou 12 h	1 h à 1 ½ h	30 min ou plus
Haricots de Lima	Une nuit ou 12 h	1 h	–
Haricots doliques à œil noir	Une nuit ou 12 h	1 h	30 min
Haricots mung ou mungo	Pas de trempage obligatoire	40 min à 1 ½ h	30 min
Haricots noirs	Une nuit ou 12 h	2 à 3 h	1 ½ à 2 h
Haricots pinto	Une nuit ou 12 h	2 h	10 à 15 min
Haricots rouges	Une nuit ou 12 h	1 à 1 ½ h	–
Lentilles brunes ou vertes	Pas de trempage	30 min	15 min
Lentilles rouges	Pas de trempage	20 min	–
Pois cassés	Pas de trempage	30 à 45 min	–
Pois chiches	Une nuit ou 12 h	2 à 3 h	1 h ou plus
Pois secs	Une nuit ou 12 h	1 h à 1 ½ h	–

En général, 180 g (1 tasse) de légumineuses produiront le double de cette quantité une fois cuites. Cela varie bien sûr en fonction de la grosseur du haricot. Il ne faut pas utiliser le four à micro-ondes pour la cuisson des légumineuses, sauf dans la préparation des plats où elles sont utilisées déjà cuites. Lorsqu'ils cuisent sur la cuisinière, les haricots demandent une cuisson à feu moyen/bas. En général, il faut éviter de les faire cuire à gros bouillons, sauf dans le cas du trempage rapide (voir aussi le paragraphe ci-bas sur les toxines). La cuisson lente les rend plus digestes. La cuisson dans une cocotte à pression prend la moitié moins de temps, mais personnellement je n'utilise pas ce genre d'appareil. Je sais cependant qu'il faut faire attention à l'écume que produisent certaines légumineuses en cuisant, car celle-ci peut bloquer la valve de sécurité.

Pour un trempage plus rapide

Porter les haricots à ébullition et laisser bouillir 2 min. Retirer du feu et laisser tremper dans la même eau à couvert pendant 1 h. Jeter l'eau, rincer et faire cuire selon le tableau de la page précédente. Notez que ces données sont des guides et que le temps de cuisson varie inévitablement d'une cuisinière à l'autre.

Un mot sur les toxines

Certaines légumineuses contiennent, à l'état sec, une substance toxique. La nature les aurait ainsi faites pour éviter qu'elles ne soient mangées par les animaux. C'est le cas des haricots rouges et des haricots noirs. Il faut donc s'assurer que ceux-ci sont bien cuits avant de les consommer. On peut donc les faire bouillir environ 10 min, puis réduire l'intensité pour les faire mijoter à feu plus doux par la suite. On dit que les toxines de ces haricots, si ceux-ci sont consommés crus ou insuffisamment cuits, entravent l'activité des enzymes digestives et peuvent causer des gastro-entérites.

Voici une courte description des légumineuses les plus connues.

Fève de soja (ou soja)

La graine de soja est petite et de couleur beige. Ses atouts lui permettent de remporter le titre de plus nutritive et polyvalente entre toutes ; en contrepartie, c'est aussi la plus dure et celle qui demande la plus longue cuisson. On attribue aux protéines du soja des vertus anticancérigènes, surtout dans le cas des cancers hormonodépendants (seins, prostate, ovaires), mais aussi contre le cancer du côlon. Les produits de soja sont très recommandés pour faciliter la ménopause. Bien que les Américains soient les plus grands producteurs de soja, ils n'en sont pas pour autant de grands consommateurs en cuisine. On utilise le soja dans le savon, la colle, la peinture, le linoléum, les crèmes, les vernis, les détergents, sous forme de lécithine pour émulsifier le chocolat et largement comme additif dans l'industrie alimentaire. Le tofu, la margarine et les boissons de soja sont les produits les plus connus. Ce n'est que depuis que le processus d'hydrogénation a été découvert qu'on consomme de l'huile de soja. On peut utiliser les fèves de soja dans les recettes qui demandent des haricots blancs.

Fève gourgane

De couleur brunâtre, verte, rougeâtre ou violacée selon les variétés, c'est une des plus anciennes légumineuses. Elle se mange avec ou sans la peau qu'on peut enlever après la période de trempage. La soupe aux gourganes, bien connue dans la région du Bas-Saint-Laurent, fait partie du folklore québécois.

Flageolet

Petite légumineuse plutôt oblongue dont la couleur peut être crème ou vert de gris. On la récolte lorsque les graines ne sont pas encore à

24

Avant de commencer

- Une boîte de 540 ml (19 oz) de haricots équivaut à environ 360 g (2 tasses) de haricots cuits dans les recettes.
- En général, les ingrédients sont faciles à trouver. Dans certains cas, j'ai précisé les substitutions possibles.
- La majorité des recettes ne contiennent pas de viande, mais dans quelques-unes on suggère d'en ajouter.
- Dans les recettes, le mélangeur est utilisé lorsque l'on veut obtenir une purée plutôt liquide. Le pilon à pommes de terre, quant à lui, donne une purée ni trop molle ni trop épaisse et évite une texture élastique ou gluante.

Choix et entreposage

Lorsque vous achetez des haricots en conserve, bien qu'ils soient cuits, il est impératif de les rincer et de les égoutter avant de vous en servir. Ceux qu'on achète secs doivent êtres triés et lavés à l'eau froide avant l'utilisation. Jetez ceux dont la couleur est douteuse et ceux qui sont brisés. Divers débris tels que des roches peuvent parfois se retrouver parmi les haricots. Il est donc préférable de faire l'exercice de les trier soigneusement pour éviter d'avoir plus tard une surprise sous la dent ! Les haricots secs peuvent être conservés pendant un an, idéalement dans des contenants de verre et loin de l'humidité. Ils perdront de leur valeur nutritive après ce temps.

maturité ; c'est ce qui lui donne sa délicate saveur.

Haricot aduki (adzuki ou azuki)

Très utilisé dans la gastronomie asiatique, il est petit et rectangulaire et sa peau est rouge brunâtre (ou brun rougeâtre !). On le reconnaît à une petite ligne blanchâtre sur un côté, cicatrice laissée par la rupture du filament qui le relie à sa gousse.

Haricot blanc

Utilisé dans le plat national de fèves au lard du Québec, ce haricot est d'un blanc ivoire et a une forme ovale. On l'appelle *navy bean* en anglais parce qu'au milieu du XIXᵉ siècle la marine américaine en faisait un usage fréquent. On peut le remplacer par d'autres haricots de couleur blanche comme le cannellini.

Haricot cannellini

En anglais, on l'appelle *kidney bean* à cause de sa forme qui ressemble à un rognon. De couleur blanche, il est très utilisé dans la cuisine italienne.

Haricot de Lima (ou haricot beurre)

Réniforme, c'est un haricot plat vert ou blanc à texture farineuse. On le trouve facilement au rayon des aliments surgelés dans les supermarchés. Cuit, on en fait une purée qui peut facilement remplacer les pommes de terre. Il existe aussi des variétés rouges, pourpres, noires ou brunes. On doit son nom à la ville du même nom, capitale du Pérou d'où il est originaire.

Haricot dolique à œil noir (ou cornille)

Le mot dolique vient du grec et signifie allongé. Son point d'attache à la gousse forme une petite tache noire qui disparaît à la cuisson. Les plus connus sont blancs, mais il en existe aussi des rouges, tachetés, marbrés, bruns ou verts.

Haricot mung (appelé aussi soja vert ou haricot mungo)

Ce petit haricot est de forme ovale ; le plus connu est le vert olive. C'est la cuisine chinoise qui nous a fait connaître le germe, ingrédient dominant du chop suey, mais le principal producteur mondial est l'Inde. Il en existe plus

25

de 200 variétés de plusieurs couleurs dont le noir, le jaune et le brun.

Haricot noir (aussi appelé tortue)

Inévitablement noir, on l'utilise beaucoup dans la cuisine mexicaine, tout comme le haricot rouge, ou dans la cuisine d'Amérique centrale et d'Amérique du Sud d'où il provient.

Haricot pinto

Légèrement réniforme et proche parent du haricot rouge, sa peau beige est « peinte » (*pinto* signifie « peint » en espagnol) de taches qui disparaissent à la cuisson. Les Sud-Américains donnèrent aussi le nom de pinto à un cheval qui a les mêmes couleurs.

Haricot rouge

De taille moyenne et très connu, il va du rouge brique au rose foncé. Cuit, il conserve bien sa texture onctueuse et sa couleur. À cause de son goût subtil, on l'utilise beaucoup dans la cuisine mexicaine. Il remplace facilement la viande dans de nombreuses recettes. C'est un de mes préférés.

Lentille

Elle compte parmi les plus vieilles légumineuses. Bien qu'il en existe de couleur jaune ou noire, entières ou cassées, les lentilles qui nous sont les plus familières sont les brunes, plus petites, et les vertes, un peu plus grosses. Les lentilles du Puy sont d'une couleur entre le brun et le vert foncé. Cultivées dans la région de l'Auvergne, en France, elles sont considérées comme étant supérieures par leur goût et elles sont d'appellation d'origine contrôlée. Les len-

26

Quoi faire avec des restants de légumineuses ?

Si vous ouvrez une boîte de conserve et que votre recette n'en requiert que la moitié, ou que vous avez fait cuire une grosse quantité de haricots, le reste est très facile à congeler. Vous n'avez qu'à les déposer dans des petits sacs ou des contenants de plastique. Ajoutez-les, mine de rien, dans vos salades, vos recettes de soupe préférées ou vos plats en casserole. Réduits en purée, les haricots vont servir d'épaississement ou de garniture à sandwich ou encore remplacer la purée de pomme de terre.

tilles rouges (ou orange) demandent une préparation plus courte. Comme elles sont décortiquées, elles se transforment en purée si leur cuisson est prolongée.

Pois cassé

Jaunes ou verts et un tantinet sucrés, les pois cassés deviennent de la purée lorsqu'ils sont cuits, d'où leur utilisation courante dans les soupes.

Pois chiche

De couleur beige à ivoire, il garde sa forme ronde lorsqu'il est cuit. Son goût de noisette en fait un aliment très polyvalent, surtout en cuisine orientale et méditerranéenne. On fabrique aussi une farine à partir de ce haricot.

Il existe encore une foule d'autres légumineuses dont les haricots lupinis, romains, favas, borlottis et pigeons. Certains sont utilisés et connus sous d'autres cieux et d'autres noms, et il en existe beaucoup d'autres dont j'ignore même l'existence. J'ai énuméré ici ceux qu'on trouve le plus facilement sur les étalages de nos supermarchés. Loin de moi l'idée de vouloir vous compliquer la vie en vous donnant le choix. N'hésitez pas à substituer une légumineuse à une autre selon vos préférences gustatives et la disponibilité des unes ou des autres. Amusez-vous à fouiller dans les magasins d'aliments ethniques et à expérimenter un univers peut-être inconnu jusqu'à maintenant; vous aurez le plaisir de faire des découvertes. Le plaisir n'est-il pas un des ingrédients de la chimie alimentaire?

Gardez en tête qu'un haricot peut facilement être remplacé par un autre de même dimension. Par exemple, les haricots romains, rouges et pinto peuvent s'interchanger, et les haricots rouges peuvent remplacer les aduki. Sauf indication contraire, toutes les recettes sont faites à partir de haricots préalablement cuits. Si vous choisissez de les faire cuire vous-même, profitez de l'occasion pour en préparer un surplus que vous pourrez garder pour une utilisation subséquente. N'oubliez pas de toujours bien rincer et égoutter les haricots en conserve pour enlever le surplus de sel.

Sauces et trempettes

Hoummos

*Le beurre de sésame, aussi appelé tahini, est obtenu en broyant des graines
de sésame, rôties ou non. De couleur beige et de consistance variable (de très épaisse
à plus liquide), il est riche en calcium, en potassium, en fer et en vitamines B et E.
Grandement utilisé dans la cuisine de l'Asie et du Moyen-Orient, on le sert surtout avec
du pain ou en sauce. Il se conserve plusieurs mois au réfrigérateur. L'huile ayant tendance
à remonter à la surface, il faut bien le mélanger avant de l'utiliser. Le hoummos est
un classique de la cuisine libanaise que vous apprécierez avec des crudités ou
des morceaux de pain pita. Servez-le aussi avec une brochette de poulet ou
en sandwich avec des tranches d'aubergine et de poivron grillé.*

DONNE ENVIRON 500 G (2 ½ TASSES)

400 g (2 tasses) de pois chiches, cuits
2 c. à soupe d'eau tiède
1 c. à café (1 c. à thé) de poudre d'ail
1 c. à café (1 c. à thé) de cumin moulu
½ c. à café (½ c. à thé) de paprika
2 c. à soupe de beurre de sésame (tahini)
  ou d'huile d'olive
90 ml (¼ tasse + 2 c. à soupe) de jus
  de citron fraîchement pressé

- Réduire les pois chiches en purée avec l'eau tiède
  à l'aide du robot de cuisine. Ajouter les épices
  et le tahini et mélanger. Ajouter le jus de citron,
  peu à la fois, pour obtenir la consistance d'une
  belle purée lisse qui n'est ni trop épaisse ni trop
  liquide.

Relish aux haricots noirs

Le relish est excellent pour accompagner les grillades,
les darnes de poisson et les crudités.

DONNE ENVIRON 270 G (1 $\frac{1}{2}$ TASSE)

180 g (1 tasse) de haricots noirs, cuits
3 c. à soupe de grains de maïs entier
   (surgelés ou en boîte)
3 c. à soupe de poivrons jaunes ou orange,
   en petits cubes
2 c. à soupe de poivrons rouges, en petits
   cubes
3 c. à soupe de tomates italiennes,
   en petits cubes
1 oignon vert, en petits morceaux
2 c. à soupe de jus de citron fraîchement
   pressé
2 c. à café (2 c. à thé) d'huile d'olive
$\frac{1}{2}$ c. à café ($\frac{1}{2}$ c. à thé) de cumin moulu
Sel et poivre au goût

• Mélanger ensemble tous les ingrédients et réfrigérer avant de servir.

31

Sauce poivrée à la moutarde

Cette sauce accompagne à merveille la viande grillée. Préparez-la
à l'avance si vous avez un restant de vin rouge et conservez-la dans
le congélateur pour un prochain repas. On peut aussi lui ajouter
80 ml (1/3 tasse) de crème fleurette (15 %) pour lui donner un caractère plus onctueux.

DONNE 375 ML (1 1/2 TASSE) DE SAUCE

1 échalote ou 1 petit oignon, émincé
1 c. à café (1 c. à thé) de beurre
60 ml (1/4 tasse) de vin rouge
1 c. à soupe de poivre noir en grains
  concassés
125 ml (1/2 tasse) de sauce demi-glace
  ou de bouillon de bœuf
80 ml (1/3 tasse) d'eau
90 g (1/2 tasse) de purée de haricots
  rouges, cuits
1 1/2 c. à café (1 1/2 c. à café) de moutarde
  de Dijon
Un brin de persil
Une pincée de ciboulette
Une pincée d'estragon

- Faire suer l'échalote dans le beurre pendant 3 min. Ajouter le vin et le poivre et laisser réduire de moitié. Ajouter la sauce, l'eau, la purée de haricots, la moutarde et les fines herbes. Laisser mijoter 5 min. Passer au mélangeur pour obtenir une purée lisse.

32

Tapenade aux lentilles

Le mot tapenade tirerait son origine de tapen, *qui signifie câpres, en provençal.*
On croit que ce mot pourrait aussi venir des olives que l'on tapinait (piétinait)
lors des récoltes. Cette tapenade aux lentilles peut être servie sur du pain grillé
(voir la recette de bruschettas) ou pour farcir des tomates cerises.
Utilisez-la pour remplacer la mayonnaise dans un sandwich aux œufs durs.
La tapenade se conserve 4 jours au réfrigérateur et peut être congelée jusqu'à 6 mois.

DONNE ENVIRON 360 G (2 TASSES)

90 g (½ tasse) de lentilles, cuites
3 gousses d'ail, émincées
40 g (½ tasse) d'olives noires, dénoyautées
  et coupées en petits morceaux
2 c. à soupe de câpres
3 filets d'anchois, rincés et émincés
80 ml (⅓ tasse) d'huile d'olive
2 c. à soupe de jus de citron fraîchement
  pressé
¼ c. à café (¼ c. à thé) de romarin

• Dans le mélangeur, réduire en purée les lentilles, l'ail, les olives, les câpres et les anchois. Pendant que le moteur tourne toujours, verser l'huile en filet comme pour monter une mayonnaise. Ajouter le jus de citron et le romarin et servir.

33

Salsa aux haricots noirs

Le goût original de la salsa vient des piments jalapeño qui la composent. On peut aussi la faire avec des fruits, dont la mangue. Elle peut servir d'accompagnement pour le poisson et la viande grillée ou de garniture dans des burritos aux œufs brouillés. Utilisez-la de mille et une façons : trempette, vinaigrette, marinade, sauce à badigeonner, condiment, seule ou avec du fromage, etc. C'est un pur délice avec des croustilles de maïs.

DONNE 375 ML (1 ½ TASSE)

175 ml (¾ tasse) de salsa douce ou piquante

2 c. à soupe d'huile d'olive

360 g (2 tasses) de haricots noirs, cuits

1 c. à soupe de jus de lime

15 g (½ tasse) de coriandre fraîche, émincée

• Mélanger ensemble tous les ingrédients à l'aide du robot de cuisine pour obtenir une purée lisse. Couvrir et réfrigérer quelques heures.

Taramosalata

Voici un classique de la cuisine grecque revu et corrigé. Les haricots rouges remplacent ici les pommes de terre. Quelle couleur spectaculaire. À servir en entrée avec des triangles de pain pita, des crudités et des olives noires. Cette purée se conserve de 4 à 6 jours au réfrigérateur.

DONNE 220 G (1 TASSE)

135 g (¾ tasse) de haricots rouges ou blancs, cuits

50 g (1 ¾ oz) d'œufs de lompe rouge (caviar)

1 tranche de pain de blé entier, déchiquetée

3 c. à soupe de jus de citron

½ c. à café (½ c. à thé) de jus d'oignon (jus d'un demi-oignon râpé)

60 ml (¼ tasse) d'huile d'olive

2 c. à soupe de persil frais, haché

• À l'aide du robot de cuisine, réduire les haricots et le caviar en purée. Ajouter le pain, le jus de citron et le jus d'oignon. Pendant que le moteur tourne toujours, verser l'huile en filet. Transvider dans un plat, garnir de persil et laisser reposer 1 h dans le réfrigérateur avant de servir.

Trempette aux pois cassés

La trempette de pois cassés peut remplacer la mayonnaise dans un sandwich grillé aux tomates. On peut la garder 6 mois au congélateur. Originaires du Bas-du-fleuve, au Québec, les herbes salées sont un mélange de légumes et de fines herbes conservés dans un sel non iodé.

DONNE 225 G (1 ¹/₄ TASSE)

750 ml (3 tasses) d'eau

90 g (¹/₂ tasse) de pois cassés jaunes, rincés et non cuits

4 gousses d'ail, émincées

2 c. à soupe de jus de lime

1 c. à soupe d'huile d'olive

2 oignons verts, hachés

10 g (¹/₄ tasse) de persil frais, émincé

¹/₄ c. à café (¹/₄ c. à thé) de cerfeuil

¹/₄ c. à café (¹/₄ c. à thé) de basilic

¹/₄ c. à café (¹/₄ c. à thé) de graines de céleri

1 c. à café (1 c. à thé) d'herbes salées

- Amener l'eau à ébullition, ajouter les pois cassés et l'ail. Réduire le feu, couvrir et laisser mijoter de 40 à 60 min, jusqu'à ce que les pois cassés aient la consistance d'une purée épaisse. Retirer du feu et égoutter.

- Transvider les pois cassés dans le bol du mélangeur, ajouter les autres ingrédients et réduire en purée. Refroidir et servir.

35

Trempette au fromage

Accompagnée de croustilles de maïs, de crudités et d'un fruit,
cette trempette est délicieuse à l'heure du lunch.

6 à 8 PORTIONS

250 g (8 oz) de fromage à la crème
125 ml (½ tasse) de crème sure légère
90 g (½ tasse) de haricots rouges, cuits
½ sachet d'assaisonnement pour tacos
45 g (¾ tasse) de cheddar et/ou
  de monterey jack, râpé

• Réduire les quatre premiers ingrédients en purée. Transvider le mélange dans un bol en pyrex et couvrir de fromage. Faire chauffer au four à micro-ondes quelques minutes afin que le mélange soit chaud et que le fromage soit fondu. Servir chaud ou tiède.

Trempette à la ricotta

Servez cette trempette avec des crudités et des craquelins variés.

DONNE ENVIRON 270 G (1 ½ TASSE)

135 g (¾ tasse) de haricots blancs, cuits
  et écrasés au pilon
120 g (½ tasse) de ricotta
1 gousse d'ail écrasée ou ½ c. à café
  (½ c. à thé) de poudre d'ail
1 c. à soupe de persil frais, émincé
Jus d'un demi-citron
2 c. à soupe de poivrons rouges, émincés
45 g (¼ tasse) de céleri, en petits cubes
1 oignon vert, émincé
2 c. à soupe de concombre anglais, pelé,
  épépiné et coupé en petits cubes

• À l'aide du robot de cuisine, réduire en purée lisse les haricots et la ricotta. Transvider dans un bol, ajouter les autres ingrédients et mélanger à la fourchette. Servir bien froid.

Trempette tex-mex

*Même si on l'appelle parfois fromage de soja, le tofu, contrairement au fromage,
n'est ni vieilli ni fermenté. Son goût étant fade, il prend le goût des ingrédients
qu'on lui ajoute. Connu et utilisé depuis près de 2 000 ans en Asie, son usage
en cuisine est infini. On trouve sur le marché du tofu ferme et du tofu mou. Moins facile
à dénicher, ce dernier sert surtout à faire des purées, des boissons et des desserts.*

DONNE 450 G (2 ½ TASSES)

2 poivrons rouges
270 g (I tasse) de tofu mou
13 g (⅓ tasse) de persil frais
2 c. à soupe de jus de lime
I c. à soupe d'huile d'olive
I c. à café (I c. à thé) de poudre
   d'ail
½ c. à café (½ c. à thé) de cumin
   moulu
360 g (2 tasses) de haricots blancs
2 ou 3 gouttes de tabasco
Sel et poivre au goût

- Mettre les poivrons rouges sur une plaque à pâtisserie et les passer sous le gril de 5 à 10 min, jusqu'à ce qu'ils soient noircis sur toutes les faces.

- Mettre les poivrons rouges dans un sac de plastique pour congélateur et les laisser tiédir. Après quelques minutes, enlever et jeter la pelure noircie.

- Mettre tous les ingrédients dans le mélangeur et réduire en purée. Réfrigérer avant de servir.

Trempette mexicaine

4 PORTIONS

398 ml (14 oz) de haricots sautés
   mexicains
1/2 poivron vert, en petits cubes
1/2 sachet d'assaisonnement
   pour tacos
1 gros avocat, pelé et dénoyauté
60 ml (1/4 tasse) de mayonnaise
2 c. à soupe de jus de citron
250 ml (1 tasse) de salsa douce
   ou piquante
250 ml (1 tasse) de crème sure
60 g (1 tasse) de cheddar
   ou de monterey jack, râpé
2 c. à soupe d'olives vertes ou noires,
   en tranches
180 g (6 oz) de croustilles de maïs

- Mélanger ensemble les haricots, les poivrons et l'assaisonnement pour tacos.

- Étendre le mélange sur une grande assiette. Mélanger ensemble l'avocat, la mayonnaise et le jus de citron et répartir ce mélange sur les haricots. Recouvrir avec la salsa. Faire un autre étage avec la crème sure et couvrir de fromage.

- Garnir avec les olives noires. Servir avec des croustilles de maïs tout autour de l'assiette.

Trempette aux tomates séchées

Le temps des tomates venu, il est très simple de préparer soi-même ses propres tomates séchées : couper des tomates italiennes en deux dans le sens de la longueur. Les évider et les mettre à plat sur une plaque à pâtisserie huilée. Cuire au four à 120 ºC (250 ºF) de 5 à 6 h environ. Vérifier les tomates en cours de cuisson et enlever au fur et à mesure celles qui sont cuites. Les conserver congelées dans un sac de plastique. Cette trempette peut être utilisée pour les bruschettas.

DONNE ENVIRON 500 G (2 ½ TASSES)

100 g (1 tasse) de tomates séchées
  sans huile
250 ml (1 tasse) d'eau bouillante
13 g (⅓ tasse) de basilic frais
2 c. à soupe de vinaigre balsamique
2 c. à soupe de pâte de tomates
1 c. à soupe d'huile d'olive
360 g (2 tasses) de haricots blancs
  ou au choix, cuits
½ c. à café (½ c. à thé) de poudre d'ail
  ou 1 gousse d'ail, écrasée
1 c. à soupe de pesto de basilic ou
  de pesto de tomates séchées (facultatif)
Sel et poivre au goût

- Faire tremper les tomates séchées dans l'eau bouillante pendant 15 min pour les ramollir.

- Égoutter les tomates en réservant 125 ml (½ tasse) du liquide de trempage. Réduire en purée les tomates, le jus de trempage et les autres ingrédients.

Variétés de légumineuses

Fèves de soja

Fèves gourganes fraîches

Flageolets

Haricots adzuzi

Haricots blancs

Haricots cannellini

Haricots de Lima

Haricots doliques
à œil noir

Haricots mung ou mungo

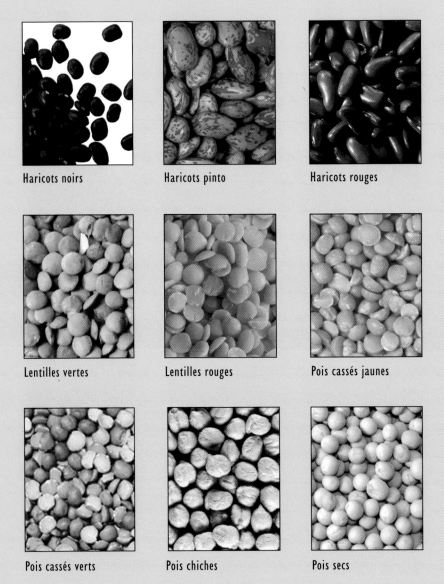

Haricots noirs

Haricots pinto

Haricots rouges

Lentilles vertes

Lentilles rouges

Pois cassés jaunes

Pois cassés verts

Pois chiches

Pois secs

Entrées et plats d'accompagnement

Bruschettas

*À l'origine, en Italie, les bruschettas ont été créées pour éviter de perdre les restes de pain.
Inutile, donc, d'aller à la boulangerie pour acheter un pain frais du jour…*

10 À 12 PORTIONS

½ baguette française, en tranches
   de 12 mm (½ po) d'épaisseur
2 à 3 gousses d'ail, pelées
90 g (½ tasse) de Tapenade aux lentilles
   (p. 33), de Trempette aux tomates
   séchées (p. 39) ou de la tartinade
   suivante :
90 g (½ tasse) de haricots noirs, cuits
1 c. à soupe d'eau
1 c. à soupe d'huile d'olive
1 c. à café (1 c. à thé) de vinaigre
   balsamique
½ c. à café (½ c. à thé) de poudre
   d'ail
½ c. à café (½ c. à thé) d'origan
½ c. à café (½ c. à thé) de basilic

2 tomates italiennes, émincées
2 oignons verts, émincés
1 c. à soupe d'huile d'olive
2 c. à soupe de basilic frais
Sel et poivre au goût
50 g (¼ tasse) de parmesan ou
   30 g (½ tasse) de cheddar, râpé

- Frotter les tranches de pain avec les gousses d'ail
  pour les parfumer et jeter ensuite les gousses.
  Mettre le pain sur une plaque à pâtisserie et faire
  dorer au four quelques minutes des deux côtés.
  Laisser refroidir.

- Réduire en purée les haricots noirs, l'eau, l'huile
  d'olive, le vinaigre balsamique et les assaisonnements. Badigeonner les tranches de pain avec
  cette préparation.

- Mélanger ensemble les tomates, les oignons
  verts, l'huile d'olive, le basilic, le sel et le poivre.

- Étendre cette préparation sur les tranches de pain
  et couvrir de fromage. Remettre les tranches de
  pain sur la plaque à pâtisserie et passer sous le
  gril de 2 à 4 min, jusqu'à ce que le fromage soit
  fondu.

Portobellos farcis

Si vous n'avez pas de portobellos, utilisez de gros champignons blancs et comptez environ 4 champignons par personne. Vous pouvez aussi remplacer les portobellos par des courgettes en prenant bien de les évider et d'en mélanger la chair avec les autres ingrédients. Servez ce plat en entrée ou en plat d'accompagnement avec des escalopes de veau, une salade César et un bon verre de chianti.

6 PORTIONS

120 g (2 tasses) de mozzarella, râpée

50 g ($^1/_4$ tasse) de parmesan

2 c. à soupe de chapelure italienne

3 c. à soupe de jus de citron

I c. à soupe de vinaigre balsamique

$^1/_4$ c. à café ($^1/_4$ c. à thé) de harissa

I c. à soupe d'huile d'olive

I c. à café (I c. à thé) de pesto de tomates séchées (facultatif)

Sel et poivre au goût

6 champignons portobellos entiers

I petit oignon, finement haché

3 gousses d'ail, émincées

180 g (6 oz) d'artichauts conservés dans l'huile, égouttés et grossièrement hachés

90 g ($^1/_2$ tasse) de haricots cannellini cuits, grossièrement écrasés à la fourchette

2 tomates italiennes fraîches, en dés

I c. à soupe de pignons, passés quelques minutes sous le gril

3 feuilles de basilic frais ou I c. à soupe de basilic séché

2 c. à soupe de persil frais ou séché

- Mélanger ensemble la mozzarella, le parmesan et la chapelure. Réserver.

- Préparer une vinaigrette avec le citron, le vinaigre balsamique, la harissa, l'huile d'olive, le pesto, le sel et le poivre. Réserver.

- Hacher les tiges des champignons et les mettre dans un bol. Ajouter les oignons, l'ail, les artichauts, les haricots blancs, les tomates, les pignons, le basilic et le persil. Mouiller avec la vinaigrette et remuer.

- Répartir la préparation entre les 6 têtes de portobellos et saupoudrer avec le mélange de fromage et de chapelure.

- Mettre les champignons sur une plaque à pâtisserie et cuire au four à 180 °C (350 °F) environ 25 min.

43

Fajitas aux haricots rouges

Les fajitas peuvent être préparés à l'avance en les garnissant sans les avoir préchauffés. Il faut cependant bien égoutter le mélange de viande et de légumes pour éviter qu'il ne mouille trop les tortillas. Roulez-les et déposez-les dans un plat en pyrex jusqu'au moment de servir. Il suffira alors de les réchauffer au four à micro-ondes quelques minutes. On peut aussi les envelopper individuellement dans du papier d'aluminium et les réchauffer au four traditionnel. Des morceaux de blanc de poulet ou des lanières très minces de bœuf peuvent facilement remplacer le dindon haché. Les tortillas de farine peuvent être remplacées par des pains pita ouverts.

4 PORTIONS

8 tortillas de farine de 15 à 20 cm
  (6 à 8 po) de diamètre
1 c. à soupe d'huile d'olive
240 g (8 oz) de bœuf ou de dindon
  haché cru
1 poivron vert, en lamelles
1 poivron rouge, en lamelles
1 oignon, en rondelles
180 g (1 tasse) de haricots rouges,
  cuits
75 g ($\frac{1}{2}$ tasse) de maïs en grains
250 g (1 tasse) de salsa douce
  ou piquante, au goût
175 ml ($\frac{2}{3}$ tasse) de crème sure

- Envelopper les tortillas ensemble dans un papier d'aluminium et les réchauffer au four à basse température le temps de préparer la recette.

- Chauffer l'huile dans une grande poêle. Faire revenir le bœuf ou le dindon pendant 5 min. Ajouter les poivrons et les oignons et cuire 5 min de plus en remuant souvent. Ajouter les haricots, le maïs et la salsa. Cuire de 3 à 4 min. Mettre la poêle au centre de la table.

- Sortir les tortillas du four et servir 2 tortillas par personne. Étendre la crème sure sur les tortillas, couvrir avec une bonne cuillerée de la préparation et rouler avant de servir.

Feuilles de vigne farcies

Les feuilles de vigne sont un autre classique de la cuisine grecque.
Elles se conservent plusieurs jours au réfrigérateur, dans un plat hermétique.

DONNE ENVIRON 30 FEUILLES DE VIGNE

1 pot de 500 ml de feuilles de vigne
  en saumure
2 c. à soupe d'huile d'olive
1 petit oignon, émincé
30 g (¼ tasse) de pignons
½ c. à café (½ c. à thé) d'ail
½ c. à café (½ c. à thé) de cumin
½ c. à café (½ c. à thé) de persil
½ c. à café (½ c. à thé) de cannelle
½ c. à café (½ c. à thé) de coriandre
320 g (2 tasses) de riz, cuit
180 g (1 tasse) de lentilles, cuites
1 c. à café (1 c. à thé) de menthe séchée
  ou 2 c. à soupe de menthe fraîche
Jus d'un citron
45 g (¼ tasse) de raisins secs
2 c. à soupe d'huile d'olive

- Rincer les feuilles de vigne, les tremper 30 min dans l'eau chaude puis les égoutter. Réserver 8 feuilles pour la cuisson.

- Chauffer l'huile, ajouter les oignons, les pignons et les épices. Transvider dans un bol et ajouter le riz, les lentilles, la menthe, la moitié du jus de citron et les raisins secs. Bien remuer.

- Déposer une cuillerée de la préparation sur une feuille de vigne (côté nervuré vers le haut). Replier les côtés et rouler délicatement.

- Tapisser le fond d'une casserole avec les 8 feuilles de vigne réservées. Déposer chaque petit rouleau au fond de la casserole et verser 2 c. à soupe d'huile d'olive et le reste du jus de citron.

- Recouvrir d'une assiette et d'eau jusqu'à 12 mm (½ po) au-dessus de l'assiette. Amener à ébullition, baisser le feu et laisser mijoter 1 h.

- Enlever l'assiette et retirer délicatement les rouleaux avec une écumoire. Mettre dans un plat couvert et laisser tiédir avant de réfrigérer.

45

Fricassée aux haricots et aux poivrons

*Essayer les pommes de terre à chair jaune, c'est les adopter.
Elles sont assurément plus savoureuses que les blanches.*

4 À 6 PORTIONS

1 c. à café (1 c. à thé) d'huile d'olive
1 c. à café (1 c. à thé) de beurre
1 gros oignon, en rondelles
2 gousses d'ail, émincées
2 grosses pommes de terre jaunes, pelées,
   coupées en cubes et blanchies 7-8 min
4 saucisses de veau (chair seulement)
½ poivron rouge, en cubes
½ poivron jaune ou vert, en cubes
1 tomate jaune ou rouge, épépinée
   et coupée en cubes
1 grosse poignée de jeunes feuilles
   d'épinards
200 g (1 tasse) de haricots cuits au choix
   (blancs, rouges, noirs ou pois chiches)
Ciboulette fraîche

CROUSTILLES
1 gros pain pita
2 c. à soupe de beurre ou d'huile

- Faire chauffer l'huile avec le beurre et y faire revenir les oignons et l'ail pendant 3 min.

- Ajouter les pommes de terre, la chair de saucisse, les poivrons et cuire de 7 à 8 min, jusqu'à ce que les pommes de terre soient brunies.

- Incorporer les tomates, les épinards et les haricots et cuire environ 7 min de plus en remuant de temps à autre.

- Décorer avec la ciboulette fraîche et servir avec les croustilles de pain pita.

- Si on veut un plat plus épicé, ajouter un peu de salsa lors de la cuisson. On peut aussi garnir le dessus de chaque assiette avec du fromage râpé.

- Pour faire les croustilles de pain pita, ouvrir le pain pita au milieu pour obtenir 2 cercles. Badigeonner de beurre ou d'huile et découper en triangles.

- Déposer chaque morceau de pain sur une plaque à pâtisserie et cuire au four quelques minutes, jusqu'à ce que le pain brunisse et devienne aussi sec qu'un craquelin.

Gnocchi au pesto
de tomates séchées

*Les gnocchi sont habituellement faits avec des pommes de terre. On peut les préparer
à l'avance et les congeler avant la cuisson. On peut aussi remplacer le pesto de tomates
séchées par du pesto de basilic ou par 170 g (½ tasse) d'épinards hachés.
Ils sont délicieux avec des galettes de veau haché recouvertes d'un mélange à parts égales
de chapelure italienne et de parmesan que l'on fait ensuite gratiner avec de la mozzarella.*

4 PORTIONS

360 g (2 tasses) de haricots blancs,
   cuits

2 c. à soupe de pesto de tomates
   séchées

2 jaunes d'œufs

180 g (1 tasse) de farine

100 g (½ tasse) de parmesan

30 g (½ tasse) de mozzarella,
   râpée

2 pincées de muscade

SAUCE

625 ml (2 ½ tasses) de sauce tomate

Ail, au goût

Basilic, au goût

100 g (½ tasse) de parmesan

- À l'aide du robot de cuisine, réduire en purée les haricots blancs, les jaunes d'œufs et le pesto. Ajouter la farine, le parmesan, la mozzarella et la muscade.

- Façonner en petites boules et aplatir légèrement avec la fourchette pour laisser une marque sur les gnocchi. Cuire 2 min à l'eau bouillante.

- Déposer dans un plat à gratin et recouvrir avec la sauce tomate, les assaisonnements et le parmesan. Cuire au four à 180 °C (350 °F) de 5 à 7 min pour réchauffer et servir.

47

Lentilles aigres-douces

Voici une façon simple et différente de servir les lentilles. Elles sont un accompagnement idéal
pour les viandes grillées ou les darnes de poisson servies avec une salade de légumes.
Si on les laisse refroidir, on peut faire une salade en les arrosant simplement d'une bonne huile.

4 PORTIONS

170 g (³/₄ tasse) de lentilles brunes
  ou vertes
250 ml (1 tasse) de jus de pomme
  non sucré
¹/₂ c. à café (¹/₂ c. à thé) de gingembre
  moulu
Une pincée de cardamome
175 ml (³/₄ tasse) d'eau
1 c. à soupe d'huile
1 oignon, haché
2 gousses d'ail, émincées
1 carotte, pelée et coupée en cubes
¹/₂ poivron vert, en dés
1 petite courgette, en dés
1 petite tomate, hachée
2 c. à soupe de sauce soja
2 c. à soupe de vinaigre de riz
  ou de vinaigre de cidre de pomme
1 c. à café (1 c. à thé) de cassonade

- Mélanger ensemble les lentilles, le jus de pomme, les épices et l'eau et amener à ébullition. Réduire le feu et laisser mijoter 45 min, jusqu'à ce que les lentilles soient tendres et aient absorbé le liquide. Réserver.

- Faire revenir les légumes dans l'huile, couvrir et cuire environ 10 min pour attendrir les légumes en remuant de temps à autre.

- Incorporer la sauce soja, le vinaigre, la cassonade, puis les lentilles cuites, et bien mélanger.

Grignotines de pois chiches grillés

*Les pois chiches cuits que l'on fait sécher ressemblent à de petites noix. Ils sont
excellents à l'heure de la collation, surtout pour les personnes allergiques aux noix.
Mélangez-les avec des fruits secs, des céréales et des bretzels miniatures.
On peut faire la même chose avec des haricots de soja cuits, mais en prenant soin
d'enlever la peau qui les enveloppe avant de les mettre au four.*

DONNE 400 G (2 TASSES)

400 g (2 tasses) de pois chiches, cuits
2 c. à soupe d'huile d'olive
1 c. à café (1 c. à thé) de sel ou plus,
  au goût
Une pincée de curcuma
Une pincée de paprika

- Mélanger le tout dans un bol et déposer les pois chiches en une seule couche sur une plaque à pâtisserie. Cuire 1 h à 150 °C (300 °F). Surveiller la cuisson pour les empêcher de noircir.

- Laisser refroidir sur du papier absorbant et conserver dans un bocal en verre.

Nachos aux haricots rouges

*Originaire du comté de Monterey, en Californie, le fromage blanc et doux
monterey jack ressemble au cheddar et au colby. Il est très populaire dans la cuisine
mexicaine. Les nachos peuvent aussi être préparés avec du bœuf haché.*

4 PORTIONS

180 g (6 oz) de croustilles rondes
  ou triangulaires de maïs
425 ml (1 ¾ tasse) de salsa douce
  ou piquante au goût
360 g (2 tasses) de haricots rouges, cuits
3 oignons verts, émincés
80 g (1 tasse) d'olives vertes, dénoyautées
  et coupées en tranches
120 g (2 tasses) de cheddar ou
  de monterey jack, râpé

- Mettre les croustilles dans un grand plat en pyrex ou dans 4 assiettes allant au four.

- Verser la sauce sur les croustilles et couvrir avec le reste des ingrédients en terminant par le fromage. Cuire au four de 8 à 10 min, jusqu'à ce que le fromage soit fondu. Servir.

49

Maki sushis au thé vert

Il existe différentes sortes de sushis. Les nigiri sushis sont de petites boules de riz ovales recouvertes de poisson ou d'omelettes japonaises. Les maki sushis sont plutôt ces rouleaux faits avec les feuilles d'algues nori carrées. On raconte que, jadis, les brigands japonais qui jouaient aux cartes tachaient leur jeu avec leurs doigts salis par les bouchées de riz et de poisson qu'ils mangeaient. Les maki sushis auraient été inventés pour éviter cet inconvénient. Bien que l'art des sushis soit très raffiné, il est très facile de les confectionner soi-même. Le wasabi est un raifort vert vendu en tube ou encore en poudre que l'on doit diluer avec de l'eau. C'est cette dernière que j'utilise.

4 PORTIONS

RIZ SUSHI

120 g (³/₄ tasse) de riz sushi ou
  de riz arborio italien à grains courts
  non cuit
500 ml (2 tasses) de thé vert chinois,
  chaud
1 c. à café (1 c. à thé) de sucre
135 g (³/₄ tasse) de haricots de soja ou
  de haricots noirs, cuits (ne pas
  utiliser les haricots de soja verts
  surgelés (Édamame)
½ c. à café (½ c. à thé) de pâte
  de wasabi
3 c. à soupe d'eau
125 ml (½ tasse) de vinaigre de riz
2 c. à soupe de sauce de poisson
  (ne pas utiliser de sauce aux huîtres)

GARNITURE

4 feuilles d'algue nori
1 c. à café (1 c. à thé) de pâte wasabi
2 c. à café (2 c. à thé) d'eau
60 g (½ tasse) de graines de sésame noires
  ou blanches
300 g (10 oz) de gingembre mariné pour
  sushis en conserve
1 carotte, pelée et coupée en petits bâtonnets
  de 5 cm (2 po)
1 morceau de 5 cm (2 po) de concombre
  anglais, pelé, épépiné et coupé en petits
  bâtonnets
60 g (½ tasse) de crevettes entières,
  cuites (facultatif)
Sauce de poisson
1 petit tapis de bambou

- Pour préparer le riz : Dans une casserole, amener le riz, le thé et le sucre à ébullition. Couvrir, baisser le feu et laisser cuire de 15 à 20 min, jusqu'à ce que le riz soit tendre. Surveiller pour éviter qu'il ne colle au chaudron.

- Pendant ce temps, à l'aide du robot de cuisine, réduire en purée granuleuse les haricots de soja, 1 c. à café (1 c. à thé) de wasabi et l'eau. Réserver.

- Transvider le riz cuit dans un bol. Ajouter les haricots de soja et mélanger à la fourchette. Incorporer le vinaigre de riz et la sauce de poisson, laisser tiédir 10 à 15 min en recouvrant le bol pour ne pas que la préparation sèche.

- Pour confectionner les sushis : Placer le tapis de bambou devant soi. Étendre une feuille de nori par-dessus.

- Avec les mains, répandre le mélange de riz sur la feuille pour obtenir une couche qui ne soit pas trop épaisse. Laisser 6 mm (¼ po) de chaque côté de la feuille. Le riz doit être travaillé délicatement afin d'éviter de déchirer la feuille de nori.

- Diluer la pâte wasabi avec de l'eau pour qu'elle soit liquide. Avec les doigts, mouiller la surface du riz avec le wasabi dilué. Saupoudrer toute la surface avec 2 c. à soupe de graines de sésame. Sur le côté le plus près de soi, étendre sur le riz, à l'horizontale, du gingembre mariné sur toute la surface. Répartir ensuite par-dessus des tranches de carotte, de concombre et terminer avec les crevettes.

- Avec le tapis, commencer à rouler la feuille de nori vers l'avant en retenant bien la garniture. Procéder délicatement afin d'éviter que la feuille de nori ne se déchire.

- Déposer le rouleau sur un plan de travail propre, fermeture vers le bas. Trancher le rouleau en morceaux de 12 mm (½ po) d'épaisseur tout au plus. Les extrémités ne donnent généralement pas de beaux morceaux.

- Répéter l'opération avec les 3 autres feuilles et déposer les morceaux de maki sushis sur une assiette. Un rouleau donne environ 8 morceaux par personne. Servir avec un peu de sauce de poisson.

51

Millet aux pois chiches

Riche en minéraux, en vitamines et en lécithine, le millet est une céréale peu allergène et facile à digérer. Il possède même des vertus bénéfiques pour le pancréas et les intestins. Le quinoa n'est pas une céréale, mais le fruit d'une plante de la même famille que les épinards. Il est très riche en protéines et en acides aminés.

4 PORTIONS

1 c. à soupe d'huile

2 gousses d'ail

1 gros oignon, émincé

2 branches de céleri, hachées

1 courgette moyenne, en petits cubes

1 grosse carotte, pelée et coupée
  en petits cubes

500 ml (2 tasses) de bouillon de poulet
  ou de légumes

500 ml (2 tasses) de jus de tomate

200 g (1 tasse) de pois chiches, cuits

180 g (1 tasse) de millet non cuit

180 g (1 tasse) de quinoa non cuit
  (ou 180 g (1 tasse) de millet en plus
  si on n'en a pas)

1 c. à café (1 c. à thé) de basilic séché

1 c. à café (1 c. à thé) d'origan séché

45 g ($^3/_4$ tasse) de fromage au choix, râpé
  (mozzarella, emmenthal ou cheddar)

50 g ($^1/_4$ tasse) de parmesan, râpé

- Faire revenir l'ail et les oignons dans l'huile pendant 5 min. Ajouter le céleri, les courgettes et les carottes et cuire en remuant 3 min de plus.

- Incorporer le bouillon, le jus de tomate, les pois chiches, le millet, le quinoa, les herbes et le fromage. Couvrir et cuire de 30 à 45 min en remuant de temps à autre.

52

Mousse de thon

Le thon peut ici être remplacé par du saumon en conserve. Il suffit simplement d'enlever les os, le cartilage et la peau noire. On peut aussi faire la mousse avec 90 g (¾ tasse) de goberge cuit ou de crevettes décortiquées et cuites. Pour varier, utilisez des olives noires. Servez-la en entrée avec des biscottes et des crudités, en sandwich ou simplement comme accompagnement léger pour une salade.

DONNE ENVIRON 500 ML (2 TASSES)
DE MOUSSE

60 ml (¼ tasse) d'eau froide
1 sachet de gélatine sans saveur
135 g (¾ tasse) de haricots au choix
   (rouges, blancs ou romains)
125 g (4 oz) de fromage à la crème léger
1 c. à soupe de jus de lime
1 c. à soupe de pâte de tomates
   ou de ketchup
1 c. à café (1 c. à thé) de relish vert
   sucré
½ c. à café (½ c. à thé) de poudre d'ail
Une pincée de purée de gingembre
   ou de gingembre moulu
Une pincée de cari
1 c. à café (1 c. à thé) de persil, haché
180 g (6 oz) de thon en conserve (dans
   l'eau), rincé et égoutté
10 câpres (facultatif)
Concombre et persil

- Laisser gonfler la gélatine 5 min dans l'eau froide puis chauffer 30 secondes au micro-ondes pour faire dissoudre. Laisser tiédir.

- Dans le mélangeur, réduire en purée les haricots, le fromage, le jus de lime, la pâte de tomates, le relish, le gingembre, le cari et le persil. Ajouter le thon et la gélatine tiédie et mélanger. Recouvrir un petit moule à soufflé ou à aspic avec de la pellicule plastique.

- Répartir les câpres au fond et verser la préparation par-dessus.

- Déposer une assiette sur le moule et laisser prendre 2 h dans le réfrigérateur. Pour démouler, retirer l'assiette et tirer sur la pellicule plastique. Retourner la mousse sur une assiette de service recouverte de tranches de concombre et décorer avec des brins de persil.

Pâté de campagne
au Grand Marnier

Voici un pâté de campagne allégé mais vraiment savoureux.
Servez-le en entrée avec une salade et des biscottes, ou simplement en sandwich.
Il peut être congelé.

6 À 8 PORTIONS

6 tranches de bacon, coupées en deux
1 poivron rouge, en cubes
1 c. à soupe de beurre
6 champignons, coupés en tranches
2 oignons verts, émincés
2 gousses d'ail, hachées
2 c. à soupe de Grand Marnier, de cognac,
   de brandy ou de porto
360 g (2 tasses) de haricots rouges, cuits
   (ou moitié rouges moitié blancs)
60 ml (¼ tasse) de crème épaisse (35 %)
1 œuf, battu
50 g (1 tasse) de chapelure
Une pincée de piment de la Jamaïque
   moulu
Une pincée de thym moulu
Sel et poivre

- Tapisser un moule à pain des tranches de bacon en les faisant se chevaucher et réserver.

- Faire revenir à feu doux les champignons, les oignons verts, l'ail et les poivrons dans le beurre 5 min en remuant régulièrement. Déglacer avec le Grand Marnier et laisser tiédir.

- Réduire en purée, à l'aide du robot de cuisine, les haricots rouges et les légumes cuits. Transvider la préparation dans un bol et ajouter la crème, l'œuf, la chapelure, les épices et bien mélanger.

- Verser dans le moule et recouvrir de papier d'aluminium en faisant une petite incision sur le dessus. Faire cuire au four à 180 °C (350 °F) pendant 1 ½ h dans un bain-marie (mettre le moule dans une rôtissoire et remplir d'eau à mi-hauteur du moule).

- Sortir le pâté du four et le recouvrir d'un autre moule à pain dans lequel on déposera un poids lourd ou des boîtes de conserve. Laisser refroidir sur le comptoir et déposer ensuite le tout (avec le poids par-dessus), dans le réfrigérateur pour la nuit. Le lendemain, démouler le pâté pour le trancher et servir.

Pizzettes

Facile à préparer, c'est un vrai délice et les enfants en redemanderont.
Préparées d'avance et congelées, les pizzettes sauront vous dépanner en tout temps.

4 PORTIONS DE 2 PIZZETTES CHACUNE

210 ml (7 oz) de sauce à pizza en
  conserve
4 pains à hamburgers, séparés en deux
360 g (2 tasses) de haricots rouges, cuits
1/2 poivron vert, en petits cubes
1/2 poivron rouge, en petits cubes
120 g (2 tasses) de mozzarella, râpée

- Étendre la sauce sur les 8 demi-pains à hamburgers et réserver 60 ml (1/4 tasse) de la sauce. Écraser grossièrement les haricots rouges et la sauce à pizza restante à la fourchette.

- Répartir les haricots rouges sur les pizzettes, recouvrir des poivrons et parsemer de fromage. Cuire au four à 200 °C (400 °F) environ 10 min, jusqu'à ce que le fromage soit fondu et que le pain soit croustillant.

Riz aux haricots noirs

Le riz et les haricots sont un complément protéique parfait. Ils peuvent aisément
constituer un plat principal accompagné de quelques légumes verts.

4 À 6 PORTIONS

1 c. à soupe d'huile
1 oignon, haché
1 poivron rouge, en lamelles
1 c. à café (1 c. à thé) de cumin
360 g (2 tasses) de haricots noirs, cuits
320 g (2 tasses) de riz, cuit
1/2 c. à café (1/2 c. à thé) de harissa
2 c. à soupe de vinaigre balsamique
1/2 c. à café (1/2 c. à thé) de jus de lime

- Faire revenir les oignons, les poivrons et le cumin dans l'huile environ 5 min. Ajouter le reste des ingrédients et bien remuer. Laisser cuire quelques minutes, le temps de réchauffer tous les ingrédients.

55

Poivrons farcis aux lentilles

4 PORTIONS

110 g (¹/₂ tasse) de lentilles rouges sèches
2 c. à café (2 c. à thé) de beurre
  ou de margarine
1 c. à café (1 c. à thé) d'huile végétale
1 oignon, haché
1 gousse d'ail, émincée
1 branche de céleri, en petits cubes
2 petites pommes, pelées et coupées
  en cubes
45 g (¹/₄ tasse) de dattes à cuire,
  en petits morceaux
45 g (¹/₄ tasse) de raisins secs
1 c. à café (1 c. à thé) de zeste de citron
¹/₂ c. à café (¹/₂ c. à thé) de chacun :
  cumin, cardamome, curcuma, paprika,
  gingembre et cari
4 gros poivrons rouges, verts ou jaunes

- Recouvrir les lentilles d'eau et les amener à ébullition. Diminuer le feu, couvrir et laisser mijoter 7-8 min. Égoutter et réserver.

- Dans le beurre et l'huile, faire revenir les oignons, l'ail et le céleri pendant 3 min. Ajouter les pommes, les dattes, les raisins, le zeste de citron et les épices et continuer la cuisson 3 ou 4 min. Ajouter les lentilles.

- Couper les poivrons en deux à la verticale. Après les avoir évidés et rincés, les farcir du mélange de lentilles.

- Déposer les poivrons dans un plat allant au four, couvrir et cuire au four à 200 °C (400 °F) environ 30 min, jusqu'à ce que les poivrons soient tendres. Servir 2 demi-poivrons par personne.

Pommes de terre farcies

*Pour varier, utilisez un mélange de 4 fromages préalablement râpés
et de morceaux de bacon cuits et émiettés ; au moment de servir, déposez
une cuillerée de crème sure sur chaque pomme de terre.*

4 PORTIONS

4 pommes de terre moyennes
1 c. à soupe d'huile d'olive
1 oignon, émincé
1 petite courgette, en cubes
½ poivron rouge, en cubes
3 champignons, émincés
45 g (¼ tasse) de haricots rouges,
  cuits, de haricots noirs ou de fèves
  pinto au choix
Une pincée de chacun : cumin moulu,
  poudre d'ail, basilic, graines de céleri,
  origan, sel et poivre
60 g (1 tasse) de fromage au choix,
  râpé

- À l'aide d'une fourchette, piquer les pommes de terre sur toute leur surface. Les placer sur une assiette et les faire cuire au four à micro-ondes environ 10 min, jusqu'à ce qu'elles soient ramollies. Retirer du four et laisser tiédir.

- Pendant ce temps, faire revenir les oignons, les courgettes, les poivrons et les champignons dans l'huile pendant 4 ou 5 min. Réserver.

- Lorsque les pommes de terre sont tièdes, les couper en deux dans le sens le plus large. Les évider en ayant soin de garder une épaisseur d'au moins 12 mm (½ po) à l'intérieur.

- Faire une purée avec la chair en ajoutant un peu de beurre, fondu. Écraser au pilon les haricots rouges avec juste ce qu'il faut d'eau pour obtenir une texture qui n'est pas trop épaisse.

- Mélanger ensemble à la cuillère la purée de haricots rouge, la purée de pommes de terre, les légumes sautés et les épices pour former une pâte homogène.

- Remplir les cavités des 8 demi-pommes de terre et couvrir de fromage. Faire cuire au four à 200 °C (400 °F) environ 10 min, jusqu'à ce que le fromage soit bien fondu (ou 4-5 min au four à micro-ondes).

57

Sandwich roulé à l'italienne

4 PORTIONS

2 c. à soupe d'huile d'olive
1 gros oignon, émincé
2 gousses d'ail, émincées
1 aubergine moyenne, pelée et coupée
   en petits cubes
1 gros poivron vert, en petits cubes
1 c. à café (1 c. à thé) de basilic
1 c. à café (1 c. à thé) d'origan
Une pincée de piment chili broyé
Sel et poivre au goût
4 grosses tortillas de farine de 25 cm
   (10 po) de diamètre ou 8 petites
   de 15 cm (6 po)
90 g ($\frac{1}{2}$ tasse) de haricots blancs, cuits
20 ml (4 c. à thé) de vinaigre balsamique
50 g ($\frac{1}{4}$ tasse) de parmesan
120 g (2 tasses) de mozzarella, râpée
100 g (1 tasse) de tomates italiennes,
   en cubes

- Faire revenir dans l'huile les oignons et l'ail pendant 3 min. Ajouter les aubergines, les poivrons et les assaisonnements et continuer la cuisson 4 ou 5 min de plus. Incorporer les haricots blancs et retirer du feu.

- Répartir sur chacune des tortillas le quart du mélange de légumes et haricots, le vinaigre balsamique, le parmesan, la mozzarella et terminer par les tomates.

- Rouler chaque tortilla et l'envelopper dans du papier d'aluminium. Faire chauffer au four de 5 à 6 min pour faire fondre le fromage.

Sandwich roulé
à la méditerranéenne

4 PORTIONS

150 g (³/₄ tasse) de pois chiches
  en conserve, rincés et égouttés
60 g (¹/₄ tasse) de ricotta
2 c. à soupe de fromage à la crème
1 c. à soupe de jus de lime
¹/₂ c. à café (¹/₂ c. à thé) de poudre d'ail
125 ml (¹/₂ tasse) de feta, émiettée
45 g (¹/₄ tasse) de haricots noirs, rincés
  et égouttés
¹/₂ c. à café (¹/₂ c. à thé) de coriandre
  moulue
Quelques gouttes de tabasco
4 grosses tortillas de farine de 25 cm
  (10 po) de diamètre
Laitue

- Réduire en purée les pois chiches, la ricotta et le fromage à la crème, le jus de lime et la poudre d'ail. Ajouter la feta, les haricots noirs, la coriandre et le tabasco et bien mélanger.

- Répartir le mélange sur chaque tortilla et garnir avec la laitue. Rouler et servir.

Tian de pommes de terre

*Malgré certains préjugés, la pomme de terre reste un des légumes
les plus utilisés dans nos cuisines. On lui reproche nos kilos en trop et son index glycémique
élevé. N'empêche qu'elle a sauvé l'humanité de la famine… Le tian se congèle bien
et est aussi bon lorsque réchauffé le lendemain. On peut ajouter des oignons en rondelles
ou du jambon entre les pommes de terre. Délicieux au brunch.*

6 PORTIONS

4 grosses pommes de terre, pelées

360 g (2 tasses) de haricots rouges ou
noirs, grossièrement écrasés au pilon

175 ml (³/₄ tasse) de crème sure

1 c. à soupe de persil frais

3 tranches de bacon, bien cuites et
émiettées

4 grosses pommes de terre, pelées et
blanchies à l'eau bouillante 8 min

3 c. à soupe de ciboulette fraîche

Sel et poivre au goût

180 g (3 tasses) de fromage au choix,
râpé (cheddar ou gruyère de préférence)

1 c. à soupe de beurre, fondu assaisonné
de sel et de poivre

Paprika

- Piquer les pommes de terre sur toute leur surface avec une fourchette. Les déposer sur une assiette et les faire cuire au four à micro-ondes 4 min. Elles doivent être légèrement cuites mais rester dures. Laisser tiédir.

- Mélanger ensemble à la cuillère la purée de haricots rouges, la crème sure, le persil frais et le bacon et réserver. Couper les pommes de terre tiédies en fines tranches et mettre de côté. Bien graisser un poêlon allant au four, un moule à charnière ou un moule à tarte en pyrex. Étendre au fond du moule un tiers des pommes de terre de façon qu'elles se chevauchent, et saupoudrer d'un peu de ciboulette.

- Recouvrir d'une couche faite de la moitié de la purée de haricots rouges, puis d'une couche de la moitié du fromage râpé. Répéter une autre fois en terminant par le dernier tiers des pommes de terre.

- Badigeonner le dessus avec le beurre, fondu, couvrir de papier d'aluminium et cuire au four à 200 °C (400 °F) pendant 20 min. Enlever le papier d'aluminium et continuer la cuisson 10 min de plus. Renverser sur une assiette, trancher en pointes et servir.

Wonton chinois

*Faire ses propres wonton peut être un peu long diront certains. C'est pourquoi
je vous suggère de vous y prendre un samedi après-midi de pluie ou de faire participer
tous les membres de la famille, bien installés à la table. Une fois cuits, les wonton peuvent
être congelés tels quels, ce qui permet de faire une provision pour plusieurs repas.
Vous pouvez remplacer la quantité de haricots par une moitié de haricots rouges et
une moitié de porc haché. Si le temps vous presse, ne faites qu'une demi-recette.*

DONNE ENVIRON **60** WONTON

720 g (4 tasses) de haricots rouges,
  cuits
454 g (1 lb) de pâte à wonton surgelée
200 g (6 ½ oz) de châtaignes d'eau en
  conserve, égouttées et finement hachées
4 oignons verts, émincés
2 c. à café (2 c. à thé) de purée
  de gingembre ou de gingembre frais,
  émincé
2 c. à café (2 c. à thé) de purée d'ail
  ou 1 c. à soupe de poudre d'ail
3 c. à soupe de graines de sésame
2 c. à café (2 c. à thé) d'huile de sésame
1 litre (4 tasses) de bouillon de poulet
60 ml (¼ tasse) + 2 c. à soupe de sauce
  soja ou de sauce teriyaki
3 c. à soupe de sauce de poisson
Sauce soja au goût
Sauce aigre-douce aux prunes

- Bien écraser les haricots au pilon.

- Ajouter le reste des ingrédients et mélanger à la
fourchette.

- Avec les doigts, mouiller les bords d'un carré de
pâte et y déposer 1 c. à café (1 c. à thé) environ
du mélange, Garder un verre rempli d'eau près
de soi pour faciliter le travail.

- Replier la pâte pour faire des mini-chaussons en
ayant soin de bien sceller les bords avec un peu
d'eau. Procéder ainsi jusqu'à épuisement de la
farce.

- Porter le bouillon de poulet et la sauce soja à
ébullition, et y plonger 6 à 7 wonton à la fois.
Cuire 5 min, retirer du bouillon.

- À ce stade-ci, ils peuvent être congelés pour un
usage ultérieur. Servir avec une sauce aigre-
douce, une sauce aux prunes ou simplement un
peu de sauce teriyaki.

61

Soupes et potages

Soupe à la toscane

*En Toscane, on sert surtout des soupes à base de légumineuses et de pain.
On peut donc ajouter quelques croûtons à cette soupe au moment de la servir.*

4 PORTIONS

1 c. à café (1 c. à thé) d'huile
3 gousses d'ail
1 oignon, haché
180 g (1 tasse) de haricots blancs, cuits
1 petite pomme de terre, pelée et coupée
  en cubes
1 c. à café (1 c. à thé) de thym frais
  ou ½ c. à café (½ c. à thé) de thym
  séché
1 litre (4 tasses) de bouillon de poulet
1 feuille de laurier
100 g (1 tasse) de tomates concassées
10 g (¼ tasse) de basilic frais, émincé
1 c. à soupe de jus de citron
Une pincée de piment rouge broyé
50 g (¼ tasse) de parmesan, râpé

- Faire revenir l'ail et les oignons dans l'huile pendant 3 min. Ajouter les haricots, la pomme de terre, le thym, le bouillon et la feuille de laurier et faire mijoter pendant 20 min. Retirer la feuille de laurier et écraser grossièrement la soupe avec un pilon à pomme de terre ou un batteur à main.

- Ajouter les tomates à la soupe, le basilic, le jus de citron et le piment rouge broyé. Remuer et laisser mijoter 7 ou 8 min de plus. Saupoudrer avec le parmesan. Servir.

Soupe aux quatre légumineuses

Lorsque vous faites cuire un poulet, ne jetez jamais les os et la carcasse.
Plongez-les plutôt dans un bain d'eau avec un oignon, du céleri, une carotte
et quelques fines herbes et vous obtiendrez un bouillon parfait pour vos soupes.

4 À 6 PORTIONS

1 c. à soupe d'huile
250 ml (1 tasse) d'oignons, hachés
2 branches de céleri, émincées
2 carottes, en rondelles
4 gousses d'ail, émincées
1,5 litre (6 tasses) de bouillon au choix
360 g (2 tasses) de haricots rouges, cuits
55 g ($^1\!/_4$ tasse) de lentilles brunes ou
  vertes non cuites
55 g ($^1\!/_4$ tasse) de pois cassés non cuits
1 c. à café (1 c. à thé) thym
1 c. à café (1 c. à thé) d'origan
2 feuilles de laurier
10 g ($^1\!/_4$ tasse) de persil frais, haché
Sel et poivre au goût

- Faire revenir les oignons, le céleri, les carottes et l'ail dans l'huile pendant 4 min.

- Verser le bouillon sur les légumes, ajouter les autres ingrédients et amener à ébullition.

- Réduire le feu, couvrir et laisser mijoter la soupe pendant 1 h. Enlever le couvercle et continuer la cuisson pendant 20 min. Servir.

65

Soupe aux gourganes

Les herbes salées sont un condiment idéal pour donner un agréable goût aux soupes.
Vous les trouverez en pot au rayon des légumes des épiceries.

4 À 6 PORTIONS

1 gros oignon, grossièrement haché
1 petit morceau de lard salé ou 3 tranches
   de bacon non cuit coupé en morceau
   ou 1 c. à café (1 c. à thé) d'huile
   mélangée avec 1 c. à café (1 c. à thé)
   de beurre
1,5 litre (6 tasses) de bouillon
330 g (1 ½ tasse) de gourganes non
   cuites
50 g (¼ tasse) d'orge perlé ou mondé
1 c. à café (1 c. à thé) d'herbes salées
2 carottes, en rondelles
1 petit navet ou rutabaga,
   en petits cubes
100 g (1 tasse) de chou, émincé
3 oignons verts, émincés

• Faire revenir les oignons dans le lard quelques
  minutes. Ajouter le reste des ingrédients sauf les
  oignons verts et amener à ébullition. Réduire le
  feu, couvrir et laisser mijoter de 1 à 1 ½ h.

• Au moment de servir, garnir avec des oignons
  verts.

Soupe aux haricots noirs

*La cuisine mexicaine nous a donné une multitude de recettes savoureuses,
dont cette soupe aux haricots noirs.*

4 À 6 PORTIONS

440 g (2 tasses) de tomates étuvées
   ou concassées
360 g (2 tasses) de haricots noirs, cuits
1 c. à soupe d'huile
1 oignon ou 3 oignons verts, émincés
2 gousses d'ail, émincées
2 carottes, en rondelles ou en petits
   cubes
2 c. à café (2 c. à thé) de poudre
   de chili
2 c. à café (2 c. à thé) de cumin moulu
1 c. à café (1 c. à thé) de coriandre
   moulue
1,5 litre (6 tasses) de bouillon
360 g (12 oz) de maïs en grains
   en conserve
Crème sure

- Dans le bol du mélangeur, réduire en purée les tomates et la moitié des haricots noirs. Réserver.

- Faire revenir les oignons et l'ail dans l'huile pendant 5 min en remuant de temps à autre. Ajouter les carottes et les épices et cuire en remuant 3 min de plus.

- Ajouter le bouillon, l'autre moitié des haricots noirs, le maïs en grains et la purée réservée. Laisser mijoter 30 min.

- Servir la soupe avec une cuillerée de crème sure sur chaque bol et saupoudrer d'un peu de cumin ou de coriandre moulu.

67

Soupe aux lentilles brunes

*Si vous ne trouvez pas de petites lentilles brunes, vous pouvez les remplacer
par des lentilles vertes ou, à la rigueur des rouges.
Pour ces dernières, le temps de cuisson sera alors moins long.*

4 PORTIONS

1 c. à soupe d'huile
2 gousses d'ail, émincées
1 gros oignon, haché
3 carottes, en rondelles
2 branches de céleri, émincées
225 g (1 tasse) de lentilles brunes non
   cuites
1,5 litre (6 tasses) de bouillon
1 feuille de laurier
440 g (2 tasses) de tomates entières
   en conserve
25 g ($^1/_4$ tasse) de pâte de tomates
Persil frais, haché

- Faire revenir les oignons et l'ail dans l'huile. Ajouter les autres ingrédients et amener à ébullition.

- Couvrir, réduire le feu et laisser mijoter environ 1 h. Ajouter le persil au moment de servir.

Soupe aux poireaux et aux pois chiches

Passez la soupe au mélangeur pour obtenir une texture plus homogène.

6 PORTIONS

2 blancs de poireaux, hachés

2 oignons, émincés

400 g (2 tasses) de pois chiches, cuits

1,5 litre (6 tasses) de bouillon

1 feuille de laurier

$\frac{1}{2}$ c. à café ($\frac{1}{2}$ c. à thé) de marjolaine

$\frac{1}{2}$ c. à café ($\frac{1}{2}$ c. à thé) de thym

100 g (1 tasse) de chou vert, émincé

100 g (1 tasse) de bouquets de brocoli

2 branches de céleri, émincées

- Mélanger ensemble tous les ingrédients et amener à ébullition. Réduire le feu, couvrir et laisser mijoter 30 min. Retirer la feuille de laurier et servir.

Soupe méditerranéenne aux pois chiches

4 PORTIONS

2 c. à café (2 c. à thé) d'huile

1 oignon, émincé

2 oignons verts, émincés

1 c. à café (1 c. à thé) d'un mélange de cumin, de cannelle moulue et de poivre

1 litre (4 tasses) de bouillon de poulet

400 g (2 tasses) de pois chiches, cuits

1 boîte de 396 ml (14 oz) de tomates, en dés

125 ml ($\frac{1}{2}$ tasse) de couscous non cuit

10 g ($\frac{1}{4}$ tasse) de persil frais, haché ou séché

- Faire revenir les oignons, les oignons verts et les épices dans l'huile pendant 5 min. Ajouter le bouillon, les pois chiches, les tomates et le couscous et cuire 15 min à feu moyen. Au moment de servir, ajouter le persil.

69

Soupe aux pois
à la canadienne

*Lorsque ma mère faisait cuire un jambon, elle faisait systématiquement
une soupe aux pois. La faisant avec le bouillon du jambon, elle disait que
le goût de la soupe en était rehaussé. J'ai gardé moi aussi cette habitude
et lorsque je suis à cours de temps, je congèle le bouillon.*

4 À 6 PORTIONS

330 g (1 ½ tasse) de haricots blancs
  à soupe non cuits
Eau pour trempage
1,5 litre (6 tasses) de bouillon de jambon,
  de poulet ou de légumes
1 gros oignon, en cubes
175 ml (¾ tasse) de jambon, en petits
  cubes
1 c. à café (1 c. à thé) de fines herbes
  mélangées : marjolaine, cerfeuil, thym,
  poivre, romarin, graines de céleri, persil
1 feuille de laurier
Croûtons

- Rincer les haricots blancs sous l'eau froide et les faire tremper toute une nuit dans un grand chaudron d'eau. Il n'est pas nécessaire de les mettre dans le réfrigérateur. Le lendemain matin, jeter l'eau de trempage.

- Mélanger ensemble tous les ingrédients de la soupe et laisser mijoter environ 2 h. Si vous désirez ajouter du sel, ne l'ajouter qu'à la fin de la cuisson de la soupe.

- Retirer la feuille de laurier. Prendre environ 250 à 500 ml (1 à 2 tasses) de soupe et l'écraser avec un pilon à pommes de terre. Remettre dans le chaudron. Bien remuer pour mélanger. Au moment de servir, décorer chaque bol avec quelques petits croûtons.

Soupe aux pois cassés

*Cette soupe utilise des pois cassés verts, mais vous pouvez tout
aussi bien vous servir des pois cassés jaunes.*

4 À 6 PORTIONS

2 c. à café (2 c. à thé) d'huile
2 carottes, hachées
1 oignon, émincé
1 pomme de terre, pelée et coupée
  en petits cubes
1 petite patate douce, pelée et coupée
  en cubes
2 gousses d'ail
1,5 litre (6 tasses) de bouillon au choix
250 ml (1 tasse) de pois verts cassés non
  cuits
2 tranches de bacon, cuit et émietté
  (facultatif)

- Faire chauffer l'huile et y faire revenir les carottes,
  les oignons, les pommes de terre et l'ail en remuant pendant 3 min.

- Ajouter le bouillon et les pois cassés et amener
  à ébullition. Réduire le feu, et laisser mijoter
  environ 45 min, jusqu'à ce que les pois soient
  tendres.

- Au moment de servir, garnir les bols de miettes
  de bacon.

Potage aux carottes et aux pois chiches

Cette soupe contient peu d'ingrédients, mais elle est délicieuse.

4 PORTIONS

2 c. à café (2 c. à thé) de beurre
1 gros oignon, haché
1 c. à café (1 c. à thé) de gingembre
  moulu
1 litre (4 tasses) de bouillon
4 grosses carottes, grossièrement coupées
100 g (½ tasse) de pois chiches cuits

- Faire revenir les oignons dans le beurre avec le
  gingembre jusqu'à ce que les oignons soient
  ramollis.

- Ajouter le reste des ingrédients. Couvrir et laisser
  mijoter environ 30 min, jusqu'à ce que les carottes
  soient tendres. Réduire en purée dans le bol du
  mélangeur et servir.

Soupe aux pois cassés et aux pommes

*Le cari se marie bien au goût de la pomme et donne à la soupe
un petit goût qui rappelle la cuisine indienne.*

6 PORTIONS

1 c. à soupe d'huile
1 oignon, émincé
1 gousse d'ail, hachée
1 carotte, en morceaux
2 branches de céleri, émincées
2 c. à café (2 c. à thé) de cari
85 g (¼ tasse) de riz brun non cuit
1,5 litre (6 tasses) de bouillon de poulet
1 feuille de laurier
220 g (1 tasse) de pois jaunes cassés
  non cuits
125 ml (½ tasse) de compote de pommes
1 c. à soupe de jus de citron
125 ml (½ tasse) de crème ou d'eau
  (facultatif)

- Faire revenir les oignons, l'ail, les carottes, le céleri, le riz et le cari dans l'huile pendant 3 ou 4 min.

- Ajouter le bouillon, la feuille de laurier et les pois cassés. Amener à ébullition, couvrir, réduire le feu et laisser mijoter pendant 1 h.

- Passer la soupe au mélangeur, ajouter la compote de pommes et le jus de citron. Si vous trouvez la consistance de la soupe trop épaisse, vous pouvez y ajouter la crème ou l'eau.

Chaudrée de maïs et de haricots

Les palourdes sont remplacées ici par le jambon et les haricots blancs,
mais si le cœur vous en dit, rien ne vous empêche d'y ajouter quelques palourdes.

4 À 6 PORTIONS

2 c. à café (2 c. à thé) d'huile
1 oignon, émincé
½ poivron vert, en petits dés
1 grosse pomme de terre, pelée et coupée
   en petits dés
225 g (1 tasse) de jambon, en petits dés
180 g (1 tasse) de haricots blancs, cuits
500 ml (2 tasses) de bouillon de poulet
   ou de jambon
250 ml (1 tasse) de lait
Une pincée de poivre de Cayenne
Une pincée de poivre
340 ml (1 ⅓ tasse) de maïs en grains,
   égoutté
250 ml (1 tasse) de crème sure légère
2 c. à soupe de moutarde de Dijon
Persil frais, haché
Paprika

- Faire revenir les oignons et les poivrons dans l'huile pendant 5 min. Ajouter tous les ingrédients sauf la crème sure et la moutarde.

- Amener à ébullition, réduire le feu, couvrir et continuer la cuisson environ 20 min, jusqu'à ce que les pommes de terre soient tendres.

- Retirer du feu et ajouter la crème sure et la moutarde en remuant au fouet. Servir chaque bol décoré de persil frais et d'une pincée de paprika.

Soupe chili végétarienne

Voici une belle entrée en matière pour un repas auquel vous souhaiteriez ajouter du piquant.

6 PORTIONS

1 c. à soupe d'huile

2 oignons, émincés

2 gousses d'ail, hachées

1 c. à café (1 c. à thé) de chacune
   des épices suivantes : poudre de chili,
   cumin, origan, paprika, coriandre

440 g (2 tasses) de tomates, en dés

1 litre (4 tasses) de bouillon de poulet

360 g (2 tasses) de haricots rouges, cuits

360 g (2 tasses) de haricots noirs, cuits

1 lime, en tranches

60 ml (¼ tasse) de crème sure

- Faire revenir les oignons et l'ail dans l'huile avec les épices pendant 5 min. Ajouter les tomates, le bouillon, les haricots et cuire pendant 20 min.

- Retirer 250 ml (1 tasse) de la soupe, la réduire en purée au mélangeur ou avec un pilon à pomme de terre et la remettre dans le chaudron.

- Servir la soupe avec les tranches de lime et une petite quantité de crème sure dans chaque bol.

Crème d'asperges
aux haricots de Lima

4 à 6 PORTIONS

12 asperges fraîches ou congelées
1 litre (4 tasses) de bouillon de poulet
360 g (12 oz) de haricots de Lima
  surgelés
2 gousses d'ail, émincées
1 oignon, haché
1 feuille de laurier
Sel et poivre au goût
Une pincée de thym
Une pincée de muscade
1 c. à café (1 c. à thé) de marjolaine
1 c. à café (1 c. à thé) de cerfeuil
250 ml (1 tasse) de crème fleurette (15 %)
  épaisse

- Couper la partie fibreuse des asperges en enlevant environ 4 cm (1 ½ po) des pieds de ceux-ci.

- Mettre les asperges et les autres ingrédients, sauf les fines herbes et la crème, dans une casserole. Couvrir et amener à ébullition. Réduire le feu et laisser mijoter environ 30 min, jusqu'à ce que les asperges soient tendres.

- Réduire la soupe en purée et ajouter la marjolaine, le cerfeuil et la crème. Servir.

Crème de carottes épicée

Les carottes, tout comme les pommes de terre et les oignons, sont des légumes de base que nous avons toujours sous la main. Quelques épices et un peu de crème, et voilà nos carottes communes qui se transforment pour nous offrir encore une fois, toute la splendeur de leur couleur.

4 À 6 PORTIONS

1 c. à soupe d'huile
1 gros oignon, haché
4 grosses carottes, pelées et coupées
  en tranches
1 c. à café (1 c. à thé) de coriandre
  moulue
$\frac{1}{2}$ c. à café ($\frac{1}{2}$ c. à thé) de gingembre
  moulu
$\frac{1}{2}$ c. à café ($\frac{1}{2}$ c. à thé) de cardamome
  moulue
1,5 litre (6 tasses) de bouillon
200 g (1 tasse) de fèves de soja cuites
  (ou une légumineuse de votre choix)
125 ml ($\frac{1}{2}$ tasse) de crème fleurette
  (15 %) épaisse ou de lait évaporé
  en conserve
Coriandre ou persil frais, haché

- Faire revenir les oignons dans l'huile jusqu'à ce qu'il soit transparent. Ajouter les carottes et les épices et faire sauter en remuant pendant 2 min.

- Verser par-dessus le bouillon et ajouter les fèves de soja. Laisser mijoter de 30 à 40 min, jusqu'à ce que les carottes soient tendres.

- Réduire en purée au mélangeur et ajouter la crème ou le lait. Au moment de servir, décorer avec la coriandre fraîche ou le persil.

Soupe minestrone

La plus connue des soupes italiennes vient du sud de l'Italie.
Chaque famille a sa recette de minestrone ou de minestra,
une version moins copieuse que la première.

6 PORTIONS

1 c. à café (1 c. à thé) d'huile
1 oignon, émincé
3 gousses d'ail, hachées
1 carotte, en rondelles
1 à 2 branches de céleri, en cubes
1,5 litre (6 tasses) de bouillon de poulet
220 g (1 tasse) de tomates italiennes en
   conserve
180 g (1 tasse) de haricots blancs, cuits
1 pomme de terre, en dés
120 g (1 tasse) de haricots verts,
   en morceaux
50 g ($^1/_3$ tasse) de pâtes au choix
   (macaronis, coquillage ou autre)
1 courgette, en dés
80 g ($^1/_2$ tasse) de pois verts surgelés
50 g ($^3/_4$ tasse) d'épinards frais
   ou surgelés, hachés
1 c. à café (1 c. à thé) de basilic
1 c. à café (1 c. à thé) d'origan
10 g ($^1/_4$ tasse) de persil frais
   ou 2 c. à soupe de persil séché

- Faire revenir les oignons, les carottes, le céleri et l'ail dans l'huile pendant 5 min.

- Ajouter le reste des ingrédients (sauf le persil) et laisser mijoter pendant 30 min.

- Ajouter le persil au moment de servir.

77

Soupe de lentilles aux tomates

Pour une soupe repas, ajoutez des petits cubes de bœuf et des morceaux de pomme de terre, de navet ou de courge ou encore du chou émincé.

4 PORTIONS

1 c. à café (1 c. à thé) de beurre
1 c. à café (1 c. à thé) d'huile
2 oignons, émincés
1 gousse d'ail, hachée
1 grosse carotte, en petits cubes
75 g ($\frac{1}{3}$ tasse) de lentilles brunes
  ou vertes non cuites
440 g (2 tasses) de tomates, en conserve
1 litre (4 tasses) de bouillon de bœuf,
  de poulet ou de légumes
Une pincée de cari

- Faire revenir les oignons, l'ail et les carottes dans le mélange huile et beurre pendant 5 min.

- Ajouter le reste des ingrédients, couvrir et continuer la cuisson à feu moyen environ 20 min, jusqu'à ce que les lentilles soient tendres. Assaisonner et servir.

Soupe de lentilles rouges au riz

4 À 6 PORTIONS

2 c. à café (2 c. à thé) d'huile
2 carottes, en petits cubes
1 gros oignon, émincé
1 gousse d'ail, hachée
2 c. à café (2 c. à thé) de cumin moulu
1 c. à café (1 c. à thé) de coriandre moulue
1,5 litre (6 tasses) de bouillon de poulet
  ou de légumes
180 g (1 tasse) de lentilles rouges non cuites
85 g ($^1/_4$ tasse) de riz (basmati de préférence)
3 c. à soupe de jus de citron
Persil frais

- Faire revenir les carottes, les oignons, l'ail et les épices dans l'huile pendant 5 min. Ajouter le bouillon, les lentilles et le riz. Couvrir et cuire à feu moyen pendant 20 min en remuant de temps à autre. Si la soupe devient trop épaisse, ajouter un peu d'eau.

- Au moment de servir, ajouter le jus de citron et décorer avec quelques brins de coriandre ou de persil frais et une pincée de cumin.

Soupe de lentilles aux poivrons rouges

4 PORTIONS

3 poivrons rouges, coupés en deux
2 c. à café (2 c. à thé) d'huile
1 oignon, émincé
1 gousse d'ail, hachée
90 g ($^1/_2$ tasse) de lentilles vertes
  non cuites
110 g ($^1/_2$ tasse) de tomates en conserve
3 c. à soupe de pâte de tomates
750 ml (3 tasses) de bouillon de poulet
1 c. à café (1 c. à thé) d'un mélange de
  marjolaine, de ciboulette et de cerfeuil
125 ml ($^1/_2$ tasse) de crème sure
  ou de crème épaisse
Sel et poivre

- Placer les poivrons face vers le bas sur une plaque à pâtisserie légèrement huilée. Cuire au four à 180 °C (350 °F) environ 20 min, jusqu'à ce que la peau des poivrons soit noircie. Au sortir du four, recouvrir les poivrons de papier d'aluminium et laisser tiédir. Enlever la peau et couper les poivrons grossièrement.

- Faire revenir les oignons et l'ail dans l'huile pendant 5 min. Ajouter les lentilles, les poivrons, les tomates concassées, la pâte de tomates et le bouillon. Couvrir et cuire à feu moyen pendant 30 min.

- Réduire le mélange en purée, ajouter les fines herbes et la crème sure. Assaisonner au goût et servir.

Salades

Salade grecque aux haricots

La salade grecque traditionnelle ne contient pas de haricots.
Pourtant, quel heureux mariage !

4 PORTIONS

4 tomates, en morceaux

½ concombre anglais, pelé, épépiné
  et coupé en petits cubes

120 g (1 tasse) de feta, en cubes

90 g (½ tasse) de haricots noirs
  ou au choix, cuits

1 oignon rouge, en rondelles
  ou 3 oignons verts, émincés

10 g (¼ tasse) de basilic frais, haché

1 ½ c. à café (1 ½ c. à thé) d'origan
  séché ou 1 c. à soupe d'origan frais

40 g (½ tasse) d'olives noires,
  dénoyautées ou non

60 ml (¼ tasse) d'huile d'olive

2 gousses d'ail, hachées ou ½ c. à café
  (½ c. à thé) de poudre d'ail

Jus d'un citron

Poivre au goût

- Mélanger ensemble tous les ingrédients et laisser reposer dans le réfrigérateur avant de servir.

Salade mexicaine

*Connu par les Aztèques depuis belle lurette, l'avocat est un fruit
d'une grande valeur nutritive. Riche en gras non saturés, il peut être congelé
une fois réduit en purée et arrosé de quelques gouttes de jus de citron.*

6 PORTIONS

180 g (1 tasse) de haricots noirs, cuits
(ou des haricots rouges ou un mélange
des deux)
160 g (1 tasse) de riz, cuit
75 g (½ tasse) de maïs en grains
½ poivron rouge, en morceaux
3 oignons verts, émincés
1 avocat, pelé, dénoyauté et coupé en
morceaux (facultatif)
10 g (¼ tasse) de persil frais ou 2 c. à soupe
de persil séché
2 c. à soupe d'olives vertes ou noires
(ou un mélange des deux), dénoyautées
et coupées en tranches

VINAIGRETTE

60 ml (¼ tasse) d'huile d'olive
2 c. à soupe de vinaigre de vin
1 c. à soupe de jus de citron ou de lime
Une pincée de poudre de chili
1 gousse d'ail ou 1 c. à café (1 c. à thé)
de poudre d'ail
½ c. à café (½ c. à thé) de cumin moulu
½ c. à café (½ c. à thé) de coriandre
moulue
2 c. à soupe de sauce salsa

• Mélanger ensemble les ingrédients de la salade.

• Mélanger ensemble les ingrédients de la vinaigrette et les ajouter à la salade.

• Bien remuer et laisser reposer dans le réfrigérateur avant de servir.

Salade de riz à la chinoise

Si vous ne trouvez pas d'épinards frais, remplacez-les par de la laitue frisée.

6 À 8 PORTIONS

320 g (2 tasses) de riz brun ou blanc,
   cuit et refroidi
400 g (2 tasses) de pois chiches, cuits
1 oignon rouge ou 2 oignons verts, émincés
½ poivron rouge et ½ poivron vert, hachés
1 carotte, râpée
4 gros champignons, coupés en tranches
2 branches de céleri, en cubes
150 g (2 tasses) d'épinards frais, lavés,
   essorés et grossièrement hachés
70 g (1 tasse) de fèves germées
2 c. à soupe de pois mange-tout, émincés

VINAIGRETTE

80 ml (⅓ tasse) d'huile d'olive
60 ml (¼ tasse) de sauce soja
½ c. à café (½ c. à thé) de gingembre
2 gousses d'ail, hachées
1 c. à café (1 c. à thé) de graines de sésame
½ c. à café (½ c. à thé) de poudre de chili
Sel et poivre au goût

• Mélanger ensemble les ingrédients de la salade et ajouter la vinaigrette. Bien remuer et servir.

Salade au riz, aux fèves et à la nectarine

La nectarine donne à cette salade une allure différente et un goût recherché.

4 PORTIONS

240 g (1 ½ tasse) de riz, cuit
240 g (8 oz) de crevettes, cuites
  et décortiquées
2 branches de céleri, émincées
2 oignons verts, hachés
400 g (2 tasses) de haricots de Lima,
  cuits
2 nectarines dénoyautées, en cubes
  (ou 2 petites clémentines sans pépins,
  ou 2 pêches)

VINAIGRETTE

60 ml (¼ tasse) d'huile d'olive
2 c. à soupe de vinaigre de cidre
1 c. à café (1 c. à thé) de moutarde de Dijon
2 c. à soupe de jus d'orange
2 c. à café (2 c. à thé) de yogourt nature
  ou de crème sure
1 gousse d'ail, hachée ou ½ c. à café
  (½ c. à thé) de poudre d'ail
1 c. à café (1 c. à thé) de zeste de citron
1 c. à café (1 c. à thé) d'herbes mélangées :
  basilic, persil, cerfeuil et marjolaine

• Mélanger ensemble tous les ingrédients et réfrigérer 1 h avant de servir.

Salade aux deux haricots

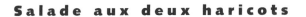

4 PORTIONS

1 litre (4 tasses) d'eau
120 g (1 tasse) de haricots verts (ou
    un mélange de haricots verts et jaunes)
40 g (¹/₄ tasse) de petits pois verts surgelés
270 g (1 ¹/₂ tasse) de haricots rouges, cuits
1 oignon, émincé
2 c. à soupe de persil frais ou séché
1 branche de céleri, émincée

VINAIGRETTE
1 tomate mûre
2 c. à soupe d'huile d'olive
Une pincée de sucre
1 c. à soupe de vinaigre de cidre
1 c. à café (1 c. à thé) de basilic
1 c. à café (1 c. à thé) d'origan
Sel et poivre au goût

- Amener l'eau à ébullition et y plonger les haricots verts et les petits pois. Blanchir 3 ou 4 min. Retirer les légumes de l'eau et les tremper aussitôt dans l'eau glacée. Égoutter.

- Dans un bol, mélanger ensemble les haricots verts, les oignons, les petits pois, les haricots rouges, le persil et le céleri. Réserver.

- Réduire la tomate en purée à l'aide du robot de cuisine, puis ajouter les autres ingrédients de la vinaigrette. Verser sur la salade et laisser refroidir dans le réfrigérateur avant de servir.

Salade de lentilles

La salade de lentilles se conserve plusieurs jours au réfrigérateur.

4 PORTIONS

1 litre (4 tasses) de bouillon de poulet
225 g (1 tasse) de lentilles sèches brunes
   ou vertes
1 grosse carotte, émincée
1 gros oignon, émincé
2 gousses d'ail, émincées
1 feuille de laurier
1 c. à café (1 c. à thé) de thym
2 branches de céleri, émincées
10 g (¼ tasse) de persil, haché

VINAIGRETTE

3 c. à soupe d'huile d'olive
3 c. à soupe de jus de citron
1 c. à café (1 c. à thé) d'herbes mélangées
   au choix : origan, basilic, marjolaine,
   cerfeuil
1 c. à café (1 c. à thé) de vinaigre de cidre
Sel et poivre au goût

- Amener le bouillon de poulet à ébullition et y ajouter les lentilles, les carottes, les oignons, l'ail, la feuille de laurier et le thym. Réduire le feu et laisser mijoter environ 25 min, jusqu'à ce que les lentilles soient tendres. Égoutter et jeter la feuille de laurier.

- Mélanger ensemble les ingrédients de la vinaigrette et verser sur les lentilles. Ajouter le céleri et le persil. Servir tiède ou bien froid.

Salade cubaine

6 À 8 PORTIONS

180 g (1 tasse) d'ananas en cubes, égouttés
  (réserver le jus)
1 mangue pelée, dénoyautée et coupée
  en petits cubes
½ poivron rouge, en lanières
360 g (2 tasses) de haricots noirs ou autres
30 g (½ tasse) de cheddar ou
  de monterey jack, râpé
30 g (¼ tasse) d'amandes effilées
1 c. à soupe de graines de tournesol nature
100 g (½ tasse) de crevettes, cuites et
  décortiquées (facultatif)
2 c. à soupe de persil frais, haché
2 feuilles de menthe fraîche, émincées
Laitue Boston

VINAIGRETTE

125 ml (½ tasse) de crème sure,
  de mayonnaise ou de yogourt nature
  (ou un mélange des trois)
2 c. à soupe de jus d'ananas
1 c. à café (1 c. à thé) de zeste de lime
2 c. à soupe de jus de lime
1 c. à café (1 c. à thé) de vinaigre de cidre
1 c. à café (1 c. à thé) d'huile
1 c. à café (1 c. à thé) de miel
2 gouttes de sauce Worcestershire
Une pincée de cardamome
Une pincée de cumin
Une pincée d'ail

- Mélanger ensemble tous les ingrédients et laisser reposer dans le réfrigérateur au moins 1 h.

- Servir sur un nid de laitue Boston.

Salade de chou, de lentilles et de pomme

Cette salade originale redore enfin le blason de ce merveilleux crucifère qu'est le chou.

4 PORTIONS

SALADE

2 c. à soupe de raisins secs
180 g (1 tasse) de lentilles, cuites
100 g (1 tasse) de chou vert, émincé
1 carotte, pelée et râpée
2 branches de céleri, en cubes
1 oignon vert, haché
1 pomme, en dés

VINAIGRETTE

60 ml ($^{1}/_{4}$ tasse) + 2 c. à soupe
   de vinaigre
1 c. à café (1 c. à thé) de sucre
2 c. à soupe de jus de citron
2 c. à soupe d'huile
1 c. à soupe de jus de pomme
$^{1}/_{2}$ c. à café ($^{1}/_{2}$ c. à thé) de graines
   de céleri
Sel et poivre au goût

- Mélanger ensemble les ingrédients de la vinaigrette et cuire 2 min au four à micro-ondes jusqu'à ce que le sucre soit dissous. Laisser tiédir.

- Mélanger ensemble le reste des ingrédients et ajouter la vinaigrette. Mettre dans le réfrigérateur au moins 1 h avant de servir.

Salade du Moyen-Orient
au couscous

*Plat national du Maroc, le couscous est fait de semoule de blé, mélangée
à de la farine et imbibée d'eau puis pressée ou roulée.
Traditionnellement cuit à la vapeur, son usage s'apparente à celui du riz.*

6 PORTIONS

300 ml (1 ¼ tasse) d'eau bouillante
200 g (1 tasse) de couscous non cuit
1 c. à café (1 c. à thé) de beurre
40 g (1 tasse) de persil frais, haché
10 g (¼ tasse) de feuilles de menthe
2 oignons verts, émincés
2 tomates, en morceaux
½ concombre anglais, pelé et coupé
  en petits cubes
400 g (2 tasses) de pois chiches, cuits

VINAIGRETTE

90 ml (¼ tasse + 2 c. à soupe) d'huile
  d'olive
Jus d'un citron
2 c. à café (2 c. à thé) de cumin moulu
1 c. à café (1 c. à thé) de poudre d'ail
  ou 1 gousse d'ail, hachée
Sel et poivre au goût

• Verser l'eau bouillante sur le couscous et ajouter le beurre. Laisser reposer de 5 à 7 min, jusqu'à ce que le couscous ait absorbé l'eau. Pendant ce temps, mélanger ensemble les ingrédients de la salade. Lorsque le couscous est prêt, remuer à la fourchette et l'ajouter à la salade.

• Mélanger ensemble les ingrédients de la vinaigrette et l'incorporer à la salade. Mettre dans le réfrigérateur 1 h avant de servir.

Salade de légumineuses mélangées

*La moutarde à l'ancienne peut remplacer
la moutarde de Dijon dans la vinaigrette.*

4 PORTIONS

400 g (2 tasses) de légumineuses mélangées
  en conserve
2 branches de céleri, émincées
1 grosse carotte, râpée
1 tomate, épépinée et hachée
10 g (¼ tasse) de persil frais, haché
1 pot de 170 ml de cœurs d'artichauts
  marinés, bien égouttés
20 g (¼ tasse) d'olives noires, dénoyautées
  et coupées en tranches

VINAIGRETTE

3 c. à soupe d'huile d'olive
1 c. à soupe de vinaigre de cidre
1 c. à café (1 c. à thé) de moutarde
  de Dijon
1 c. à café (1 c. à thé) de ciboulette
½ c. à café (½ c. à thé) de poudre d'ail
  ou 1 gousse d'ail, hachée
1 c. à café (1 c. à thé) d'origan
1 c. à café (1 c. à thé) de basilic
Sel et poivre au goût

• Préparer la vinaigrette en mélangeant tous les ingrédients qui la composent. Mélanger
  ensemble les ingrédients de la salade et incorporer la vinaigrette. Laisser reposer dans le
  réfrigérateur avant de servir.

Salade de pâtes et de cannellini

*Avec la panoplie de couleurs, de saveurs et de formes que prennent les pâtes
de nos jours, vous pouvez faire cette salade différente chaque fois.*

4 à 6 PORTIONS

200 g (2 tasses) de penne rigate cuits
  (ou de pâtes au choix)
120 g (½ tasse) de jambon, en cubes
½ poivron vert et ½ poivron rouge,
  en julienne
30 g (½ tasse) de cheddar, en petits cubes
360 g (2 tasses) de haricots cannellini
  ou de haricots romains
2 c. à soupe de persil frais, haché
1 grosse carotte, râpée

VINAIGRETTE

60 ml (¼ tasse) d'huile d'olive
60 ml (¼ tasse) de jus d'orange ou d'ananas
60 ml (¼ tasse) de vinaigre de cidre
2 c. à soupe de parmesan
1 c. à café (1 c. à thé) de moutarde de Dijon
1 c. à café (1 c. à thé) d'un mélange
  de basilic, de ciboulette, de marjolaine,
  d'origan et d'un soupçon d'estragon
Sel et poivre au goût

- Mélanger ensemble tous les ingrédients et laisser refroidir au moins 1 h afin de bien lier les saveurs. Servir.

Salade de pommes de terre et de haricots rouges

*Les haricots se marient merveilleusement à la salade de pommes de terre classique.
Voici de quoi étonner vos invités.*

4 PORTIONS

3 grosses pommes de terre rouges, cuites,
  pelées et coupées en cubes
240 g (2 tasses) de haricots verts coupés
  en conserve
2 oignons verts, émincés ou 1 petit oignon
  rouge, en fines rondelles
2 œufs durs, en quartiers
1 grosse tomate ou 2 tomates italiennes,
  épépinées, en cubes
180 g (1 tasse) de haricots rouges ou
  de haricots cannellini cuits
Quelques anchois, hachés (facultatif)
Câpres au goût (facultatif)

VINAIGRETTE
120 ml (½ tasse) de mayonnaise
  ou de crème sure
3 c. à soupe de jus de citron
3 c. à soupe de parmesan
1 c. à café (1 c. à thé) de moutarde de Dijon
  à l'ancienne
Une pincée de basilic
Une pincée de marjolaine
Une pincée d'estragon

• Mélanger ensemble les ingrédients de la salade et y ajouter les ingrédients de la vinaigrette.
  Servir.

93

Salade Délima

*Les jeunes haricots de soja surgelés sont difficiles à trouver.
On les trouve principalement dans les magasins orientaux et les magasins
d'aliments naturels. Les haricots de Lima sont plus faciles à trouver.*

4 PORTIONS

175 g (1 tasse) de haricots de Lima surgelés
  ou de haricots de soja surgelés (Edamame),
  cuits 5 min à l'eau bouillante, rincés à l'eau
  froide et bien égouttés
75 g (½ tasse) de petits pois surgelés,
  blanchis de 3 à 5 min à l'eau bouillante
2 branches de céleri, en cubes
2 oignons verts, émincés
½ poivron rouge, en fines lamelles
1 litre (4 tasses) de salade mesclun

VINAIGRETTE

60 ml (¼ tasse) de cocktail de canneberges
  ou de framboises surgelé, non dilué
1 c. à café (1 c. à thé) de moutarde de Dijon
1 c. à soupe de vinaigre de cidre
2 c. à soupe de miel
1 c. à soupe d'huile d'olive
Quelques brins de ciboulette fraîche
Sel et poivre au goût

- Mélanger ensemble les haricots de Lima, les pois, le céleri, les oignons verts et les poivrons. Incorporer 2 c. à soupe de la vinaigrette et bien mélanger.

- Répartir le mesclun dans 4 assiettes et y déposer la préparation aux haricots. Arroser avec le reste de la vinaigrette et servir. Décorer de brins de ciboulette. La salade et la vinaigrette sont meilleures lorsque servies refroidies.

Salade Waldorf aux flageolets

*Plus connu et utilisé en Europe qu'en Amérique, le céleri-rave noircit rapidement
au contact de l'air lorsqu'il est pelé. S'il n'est pas immédiatement blanchi,
il faut l'arroser de jus de citron.*

4 À 6 PORTIONS

1 litre (4 tasses) d'eau
1 petit céleri-rave, pelé et coupé
   en tranches
2 c. à soupe de raisins secs
200 g (1 tasse) de flageolets cuits
   (ou de haricots de Lima, de pinto
   ou autre légumineuse)
2 branches de céleri, en cubes
2 petites pommes, pelées et coupées
   en dés
2 c. à soupe de noix de Grenoble
2 c. à soupe d'amandes, en tranches

VINAIGRETTE

175 ml (³/₄ tasse) de yogourt nature
   ou de crème sure maigre (ou un mélange
   des deux)
2 c. à soupe de vinaigre de cidre
2 c. à soupe de jus de pomme concentré
   congelé
Une pincée de graines de céleri
Sel et poivre au goût

- Amener l'eau à ébullition. Couper les tranches de céleri-rave en bâtonnets et les blanchir
  3 min. Le plonger ensuite dans l'eau froide, les égoutter et bien les assécher. Mélanger
  ensemble tous les ingrédients, arroser de vinaigrette et servir.

95

Croquettes, galettes et pains

Croquettes aduki

Si la recherche de haricots aduki s'avère hasardeuse, utilisez plutôt des haricots pinto,
des haricots rouges ou des gourganes. Le riz ne doit ni être mouillé ni liquide.
Achetez de préférence du riz à grains courts, il est plus collant.

DONNE ENVIRON 6 CROQUETTES

1 c. à soupe d'huile
1 petit oignon, finement émincé
2 gousses d'ail, hachées
¼ poivron vert, en petits cubes
200 g (1 tasse) de haricots aduki, cuits
1 petite carotte, pelée et râpée
2 c. à soupe d'amandes en poudre
1 œuf, battu
80 g (½ tasse) de riz, cuit
15 g (¼ tasse) de fromage au goût,
   râpé
45 g (½ tasse) de gruau non cuit
Une pincée de thym
Graines de céleri
Sel et poivre au goût

- Faire revenir les oignons, l'ail et les poivrons dans l'huile de 3 à 4 min, retirer du feu et laisser tiédir.

- Écraser grossièrement les haricots à l'aide d'un pilon. Incorporer tous les ingrédients aux haricots et bien mélanger. Façonner en croquettes minces et les tremper dans la farine.

- Faire griller dans l'huile 5 min de chaque côté, égoutter sur du papier absorbant et servir sur un pain à hamburger. On peut aussi faire cuire au four à 180 °C (350 °F) 15 min de chaque côté. Congeler les croquettes restantes.

98

Croquettes de cannellini

Pour faire une chapelure italienne, ajoutez simplement du basilic, de l'origan, de l'ail, du parmesan, de la marjolaine, du sel et du poivre à des miettes de pain séché ou à des craquelins écrasés.

4 PORTIONS DE 2 CROQUETTES CHACUNE

1 c. à café (1 c. à thé) d'huile
½ poivron rouge, en petits cubes
2 oignons verts, émincés
2 gousses d'ail, hachées ou
   1 c. à café (1 c. à thé) de poudre d'ail
270 g (1 ½ tasse) de haricots cannellini,
   cuits
320 g (2 tasses) de riz, cuit
2 gros œufs
20 g (⅓ tasse) de chapelure italienne

- Faire revenir les poivrons, les oignons verts et l'ail dans l'huile de 3 à 4 min. Retirer du feu et laisser tiédir.

- Écraser les haricots à la fourchette et y ajouter les légumes cuits et le reste des ingrédients.

- Façonner en 8 croquettes et les faire dorer de 5 à 8 min de chaque côté dans un peu d'huile. Servir.

Croquettes du Sud-Ouest

Si vous n'aimez pas le goût piquant de la salsa, remplacez-la par du ketchup ou une sauce tomate de votre choix.

DONNE 4 PORTIONS
DE 2 CROQUETTES CHACUNE

270 g (1 ½ tasse) de haricots cannellini,
   cuits
175 ml (¾ tasse) de salsa douce
50 g (1 tasse) de chapelure
2 c. à soupe de coriandre fraîche
   ou de persil, haché

- Mélanger ensemble tous les ingrédients et laisser reposer dans le réfrigérateur pendant 30 min.

- Cuire les croquettes au four à 180 °C (350 °F) environ 10 min de chaque côté, jusqu'à ce qu'elles soient dorées. Servir avec de la salsa ou du fromage monterey jack râpé.

99

Croquettes de pois cassés

Donne 4 grosses croquettes

110 g (½ tasse) de pois cassés jaunes
500 ml (2 tasses) de bouillon de poulet
25 g (½ tasse) de chapelure
1 petite pomme de terre, pelée et râpée
1 petite carotte, pelée et râpée
2 c. à soupe de graines de sésame
1 œuf
1 c. à soupe d'un mélange des épices
   suivantes : paprika, cari, persil,
   graines de céleri et coriandre

- Faire cuire les pois jaunes cassés dans le bouillon de poulet à feu moyen-doux de 35 à 45 min, jusqu'à ce qu'ils soient tendres et que le bouillon soit entièrement absorbé.

- Si l'eau est absorbée et que les pois ne sont pas encore suffisamment tendres, ajouter de l'eau et continuer la cuisson. Laisser refroidir.

- Écraser grossièrement les pois cuits à l'aide d'un pilon. Ajouter le reste des ingrédients et mélanger à la fourchette. Mettre toute la chapelure si les croquettes sont trop molles. Façonner en 6 croquettes de 12 mm (½ po) d'épaisseur et les passer dans la chapelure ou dans un peu de farine.

- Mettre les croquettes sur une plaque huilée et les cuire sous le gril de 20 à 30 min, jusqu'à ce qu'elles soient bien dorées des deux côtés.

Croquettes indiennes aux lentilles

DONNE 8 CROQUETTES

375 ml (1 ½ tasse) d'eau

110 g (½ tasse) de lentilles rouges
non cuites

1 c. à café (1 c. à thé) d'huile

1 oignon, émincé

3 champignons, émincés

¼ c. à café (¼ c. à thé) de chacune
des épices suivantes : cumin, coriandre
moulue, cari, cardamome, gingembre
et curcuma

300 g (1 ½ tasse) de pois chiches, cuits

1 c. à café (1 c. à thé) de menthe séchée
ou 1 c. à soupe de menthe fraîche

2 c. à café (2 c. à thé) de jus de citron

25 g (½ tasse) de chapelure

25 g (½ tasse) d'un mélange moitié
moitié de chapelure et de poudre
d'amande

- Amener l'eau à ébullition et y plonger les lentilles. Réduire le feu, couvrir et cuire environ 15 min, jusqu'à ce que les lentilles soient tendres. Égoutter et réserver.

- Faire revenir les carottes, les oignons, les champignons, les poireaux et les épices (sauf la menthe) dans l'huile environ 5 min en remuant de temps à autre.

- Écraser les pois chiches au pilon. Ajouter la menthe, les lentilles tiédies, les légumes cuits, le jus de citron et la chapelure.

- Façonner en 8 croquettes et les passer dans le mélange de chapelure et d'amandes. Mettre sur une plaque à pâtisserie graissée et badigeonner avec un peu d'huile d'olive. Cuire au four à 180 °C (350 °F) environ 30 min en les retournant à mi-cuisson.

Falafels

*Le bulghur est un blé trempé, germé, cuit puis séché et concassé. De grosseurs variées,
il est fréquemment utilisé dans les cuisines libanaise et orientale. Il a un petit goût de noisette
et demande généralement de 15 à 30 min de préparation. Les falafels se mangent
en sandwich dans un pain pita garni d'une sauce faite avec du yogourt, de l'ail
et du concombre. Servez-les avec une salade de taboulé et un verre d'arak.*

DONNE 15 BOULETTES

150 ml (²/₃ tasse) d'eau
45 g (¹/₄ tasse) de bulghur non cuit
200 g (1 tasse) de pois chiches ayant
    trempé une nuit, égouttés et réduits
    en purée granuleuse fine à l'aide
    du robot de cuisine
2 c. à café (2 c. à thé) de jus de citron
    ou de lime
2 c. à soupe de poudre d'ail
1 c. à café (1 c. à thé) de cumin moulu
1 c. à café (1 c. à thé) de coriandre
    moulue
2 oignons verts, émincés
1 c. à café (1 c. à thé) de bicarbonate
    de soude
10 g (¹/₄ tasse) de persil frais, haché

- Mettre le bulghur dans l'eau et chauffer 3 min au
  micro-ondes.

- Mélanger ensemble tous les ingrédients à l'aide
  du robot de cuisine ; la texture doit être la plus
  fine possible.

- Façonner en 15 boulettes et laisser reposer au
  moins 1 h dans le réfrigérateur. Frire dans un bain
  d'huile jusqu'à ce que les boulettes soient dorées
  sur toutes les faces.

Frittata de pois chiches

La frittata est une omelette italienne. On peut la garnir de fromage râpé en fin de cuisson.

4 À 6 PORTIONS

1 c. à soupe d'huile
1 oignon, émincé
1 gousse d'ail, hachée
1 c. à café (1 c. à thé) de coriandre
  moulue ou 2 c. à soupe de coriandre
  fraîche
300 g (1 ½ tasse) de pois chiches, cuits
8 œufs, légèrement battus
Sel et poivre au goût
1 c. à café (1 c. à thé) de persil
  séché ou 2 c. à soupe de persil frais

- Dans un poêlon allant au four, faire revenir les oignons, l'ail et la coriandre dans l'huile pendant 5 min. Ajouter les pois chiches et remuer 2 min.

- Verser les œufs dans le poêlon et laisser prendre pendant 10 min à feu moyen. Faire brunir sous le gril pendant 3 min. Assaisonner et garnir de persil au moment de servir.

Pot pie à l'américaine

4 À 6 PORTIONS

300 g (1 ½ tasse) de macédoine
  de légumes surgelés ou en conserve
360 g (2 tasses) de haricots blancs, cuits
560 ml (20 oz) de crème de poulet
  condensée non diluée
250 g (1 ½ tasse) de farine
1 c. à soupe de levure chimique
½ c. à café (½ c. à thé) de sel
60 ml (¼ tasse) d'huile végétale
125 ml (½ tasse) de lait
1 œuf
30 g (½ tasse) de fromage cheddar râpé
2 c. à soupe de parmesan

- Incorporer la macédoine et les haricots à la crème de poulet. Déposer le mélange dans une assiette à tarte ou un moule à gratin beurré. Réserver.

- Mélanger ensemble la farine, la levure chimique et le sel. Incorporer l'huile en remuant à la fourchette pour obtenir une texture granuleuse.

- Ajouter le lait, l'œuf et le fromage et remuer. Verser la pâte sur la préparation précédente et saupoudrer de parmesan.

- Cuire au four à 180 °C (350 °F) environ 20 min, jusqu'à ce que la croûte ait une belle teinte dorée. Servir.

103

Galettes au chili

Les haricots pinto peuvent ici être remplacés par des gourganes,
des haricots romains ou des haricots rouges. Ces galettes ne durcissent pas.

8 GALETTES

1 c. à soupe d'huile
1 gros oignon, haché
3 gousses d'ail, émincées
1 carotte, pelée et râpée
1 ½ c. à café (1 ½ c. à thé) de poudre
  de chili
1 c. à café (1 c. à thé) de cumin moulu
540 g (3 tasses) de haricots pinto
1 c. à soupe de moutarde de Dijon
2 c. à soupe de sauce soja
2 c. à soupe de ketchup
135 g (1 ½ tasse) de gruau non
  cuit

- Faire revenir les oignons et l'ail avec le chili et le cumin dans l'huile pendant 5 min. Réserver.

- Dans un bol, écraser les haricots pinto avec un pilon à pommes de terre. Ajoutez-y tous les ingrédients et mélanger à la fourchette.

- Façonner en 8 galettes de 12 mm (½ po) d'épaisseur et les faire dorer 7 à 8 min de chaque côté dans un peu d'huile.

Gâteau aux tomates, aux oignons et au bacon

*Ce gâteau ressemble à une quiche et peut être congelé.
Vous pouvez remplacer les tomates par des courgettes et des champignons
et ajouter des morceaux de jambon. On peut le faire cuire dans des moules à muffins
pour obtenir des portions individuelles. Il n'est alors pas nécessaire de précuire la croûte.*

6 PORTIONS

CROÛTE

360 g (2 tasses) de haricots cannellini
60 g ($^1\!/_2$ tasse) d'amandes en poudre
25 g ($^1\!/_2$ tasse) de chapelure
I œuf
2 c. à soupe de parmesan
$^1\!/_2$ c. à café ($^1\!/_2$ c. à thé) de basilic
$^1\!/_2$ c. à café ($^1\!/_2$ c. à thé) d'origan
$^1\!/_2$ c. à café ($^1\!/_2$ c. à thé) de ciboulette
$^1\!/_2$ c. à café ($^1\!/_2$ c. à thé) de paprika
Sel et poivre au goût

GARNITURE

I c. à café (I c. à thé) d'huile
I oignon, en fines rondelles
120 g (2 tasses) de gruyère, râpé
I tomate, coupée en tranches
125 ml ($^1\!/_2$ tasse) de lait
125 ml ($^1\!/_2$ tasse) de crème fleurette
  (15 %)
4 œufs
I c. à soupe de pesto de tomates
  ou de pesto de basilic (facultatif)
Ciboulette, basilic, origan
Sel et poivre
3 tranches de bacon, coupées en deux

- Écraser les haricots au pilon pour obtenir une purée lisse et épaisse semblable à une purée de pommes de terre.

- Ajouter les amandes, la chapelure, l'œuf et les assaisonnements. Remuer à la fourchette. Étendre dans un moule à charnières bien huilé et cuire au four à 180 °C (350 °F) pendant 10 min. Réserver.

- Faire revenir les oignons dans l'huile 3 ou 4 min, retirer du feu et réserver.

- Couvrir la croûte précuite de fromage, puis couvrir avec les tranches d'oignons et de tomates.

- Dans un bol, mélanger ensemble le lait, la crème, les œufs, le pesto et les assaisonnements. Verser cette préparation sur la croûte et répartir les tranches de bacon sur le dessus.

- Déposer le moule sur une plaque à pâtisserie et cuire au four à 180 °C (350 °F) pendant 40 min. Laisser tiédir 15 min avant de démouler et servir.

Hamburger mexicain épicé

*Pour changer de la routine, le hamburger mexicain remplace agréablement
le hamburger classique. Préparé à l'avance, il peut être congelé jusqu'au moment de le servir.*

8 GALETTES

750 ml (3 tasses) d'eau
90 g (½ tasse) d'orge perlée
360 g (12 oz) de haricots de Lima surgelés
2 oignons verts, émincés
340 g (11 oz) de croustilles tortillas
  au maïs passées au mélangeur (pour
  obtenir environ 150 g (3 tasses)
  de chapelure)
2 c. à soupe de mélange d'assaisonnements
  pour taco en sachet
2 œufs
1 c. à soupe de lait
8 pains à hamburgers
Crème sure, laitue, tomates, avocat,
  oignons et salsa (garniture)

- Amener l'eau à ébullition et y verser l'orge. Cuire à feu moyen environ 45 min, jusqu'à ce que l'orge soit tendre. Égoutter et réserver.

- Cuire les haricots de Lima dans un peu d'eau pendant 6 min au four à micro-ondes. Égoutter et écraser à l'aide d'un pilon.

- Ajouter l'orge, les oignons verts, le tiers de la chapelure, les assaisonnements et un œuf et bien mélanger.

- Façonner en 8 galettes de 12 mm (½ po) d'épaisseur. Combiner ensemble l'œuf restant et le lait. Réserver.

- Tremper les galettes dans le mélange d'œufs, puis dans la chapelure restante. Laisser reposer 1 h dans le réfrigérateur.

- Cuire les galettes sous le gril, 10 min de chaque côté, jusqu'à ce qu'elles soient bien dorées. Servir dans sur des petits pains à hamburgers avec la garniture.

Muffins texans

Utilisez la sauce barbecue à brunir et non celle qui sert d'accompagnement pour le poulet ou les frites. Dans cette recette, des haricots noirs, blancs ou autres peuvent aisément remplacer les haricots rouges.
Ces muffins peuvent être congelés.

DONNE 12 MUFFINS

1 oignon, émincé

2 gousses d'ail, hachées

½ poivron vert, en petits morceaux

1 branche de céleri, en petits morceaux

2 gouttes de tabasco

125 ml (½ tasse) de sauce barbecue

400 g (2 tasses) de purée de pommes
 de terre

100 g (1 tasse) de flocons d'avoine

60 ml (¼ tasse) de ketchup

1 c. à soupe de moutarde de Dijon

360 g (2 tasses) de haricots rouges, cuits
 et écrasés au pilon

45 g (¾ tasse) de cheddar, râpé

2 œufs, battus

• Mélanger ensemble tous les ingrédients à la fourchette et déposer dans des moules à muffins graissés. Cuire au four 30 min à 180 °C (350 °F), démouler et servir.

Pain aux noix et aux lentilles

*Pour varier, j'aime beaucoup faire cuire les pains comme celui-ci
dans des moules à muffins. Facile à congeler, il est très utile
quand on manque de temps pour faire un repas plus élaboré.*

4 À 6 PORTIONS

1 c. à soupe d'huile
1 oignon, haché
1 gousse d'ail, émincée
2 branches de céleri, en cubes
170 g (³/₄ tasse) de lentilles vertes
  ou brunes sèches
750 ml (3 tasses) d'eau ou de bouillon
1 carotte, râpée
60 g (¹/₂ tasse) de noix moulues (utiliser
  un mélange d'amandes, de noix de
  Grenoble, d'avelines et de pacanes,
  ou une seule au choix)
15 g (¹/₄ tasse) de chapelure
2 c. à soupe de persil frais ou séché
2 c. à soupe de sauce soja ou tamari
1 œuf, battu

- Faire revenir les oignons, l'ail et le céleri dans l'huile pendant 5 min.

- Ajouter les lentilles et l'eau et laisser mijoter à feu moyen pendant 30 min, jusqu'à ce que les lentilles soient tendres. Égoutter et laisser tiédir.

- Mélanger délicatement ensemble tous les ingrédients et presser dans un moule à pain généreusement huilé.

- Cuire au four à 180 °C (350 °F) pendant 45 min. Laisser tiédir avant de démouler. Servir avec une sauce aux champignons ou une sauce aux tomates.

Pain de cannellini aux épinards

4 À 6 PORTIONS

1 c. à soupe d'huile
1 oignon, émincé
2 gousses d'ail, hachées
150 g (1 tasse) d'épinards, cuits et hachés
Une pincée de muscade
Une pincée de cardamome
Une pincée de clou de girofle
360 g (2 tasses) de cannellini, écrasés
  au pilon
60 g ($^1/_2$ tasse) d'amandes moulues
25 g ($^1/_2$ tasse) ou plus de chapelure (un
  peu plus si la texture est trop collante)
1 œuf, battu
Sel et poivre au goût

- Faire revenir les oignons avec l'ail dans l'huile pendant 5 min. Ajouter les épinards et les épices et cuire de 2 à 3 min. Réserver.

- Mélanger ensemble les haricots, les amandes, la chapelure, l'œuf, le sel et le poivre.

- Verser la moitié du mélange de haricots dans un moule à pain huilé. Étendre par-dessus la préparation aux épinards et terminer par le restant des haricots. Cuire au four à 180 °C (350 °F) de 45 à 60 min. Laisser tiédir et démouler.

Pain de pois chiches aux carottes

6 PORTIONS

2 oignons verts, émincés
1 gousse d'ail, hachée
100 g (1 $^1/_2$ tasse) de carottes, râpées
$^1/_2$ poivron rouge, émincé
$^1/_2$ poivron vert, émincé
3 champignons, émincés
1 branche de céleri, finement hachée
400 g (2 tasses) de pois chiches, cuits
  et écrasés au pilon
3 œufs, battus
25 g ($^1/_2$ tasse) de chapelure italienne
2 c. à soupe de persil frais ou séché
Sel et poivre au goût

- Mélanger ensemble tous les ingrédients à la fourchette et déposer dans un moule à pain bien huilé.

- Bien tasser dans le moule et cuire au four à 180 °C (350 °F) pendant 40 min. Laisser tiédir avant de démouler. Découper en tranches et servir.

Pain de lentilles

La châtaigne d'eau est la racine d'une plante aquatique. Elle est croquante et a une teinte blanchâtre. Sa saveur s'apparente à celle des cœurs de palmiers. Elle s'utilise coupée en tranches surtout dans les sautés et les pâtés, et on l'achète en conserve au rayon des produits asiatiques des supermarchés.

4 À 6 PORTIONS

225 g (1 tasse) de lentilles vertes
   ou brunes sèches
1 litre (4 tasses) de bouillon de bœuf,
   de poulet ou de légumes
1 oignon, haché
1 oignon vert, émincé
1 branche de céleri, en petits cubes
1 carotte, râpée
1 petite courgette, râpée
227 ml (6 oz) de châtaignes d'eau
   en conserve, finement émincées
2 c. à soupe de poivron rouge, émincé
60 g (1 ¼ tasse) de chapelure de
   biscuits soda non salés
Quelques gouttes de sauce Worcestershire
1 c. à soupe de ketchup
60 g (1 tasse) de fromage au goût, râpé
Sel, poivre, basilic et thym, au goût

- Cuire les lentilles dans le bouillon pendant 30 min. Égoutter. Écraser la moitié des lentilles à l'aide d'un pilon. Laisser tiédir.

- Mettre les lentilles dans un bol et ajouter le reste des ingrédients. Remuer délicatement.

- Déposer dans un moule à pain généreusement huilé et cuire 45 min à 180 °C (350 °F). Sortir du four et laisser refroidir avant de démouler.

- Servir accompagné d'une sauce au poivre. Le pain peut être réchauffé au micro-ondes et il peut aussi être congelé.

Pain mexicain

Il est préférable d'utiliser ici un riz à grains courts à cause de sa texture collante.

4 À 6 PORTIONS

320 g (2 tasses) de riz, cuit

200 g (1 tasse) de haricots noirs, cuits
et grossièrement écrasés au pilon

45 g ($^3/_4$ tasse) de cheddar ou
de monterey jack, râpé

2 œufs, battus

4 c. à soupe de poivrons rouges et jaunes,
en petits morceaux (facultatif)

3 oignons verts, émincés

1 c. à café (1 c. à thé) de poudre d'ail

2 c. à soupe de persil frais ou séché

$^1/_2$ c. à café ($^1/_2$ c. à thé) de cumin moulu

$^1/_2$ c. à café ($^1/_2$ c. à thé) de coriandre
moulue

1 c. à café (1 c. à thé) de salsa épicée
ou de sauce chili

- Mélanger ensemble tous les ingrédients et verser dans un moule à pain huilé. Bien tasser et cuire au four à 180 °C (350 °F) pendant 40 min. Laisser tiédir avant de démouler. Découper en tranches et servir.

Pain roulé aux haricots

Élégant, ce pain roulé fait bonne impression lors d'un brunch printanier.

6 À 8 PORTIONS

360 g (2 tasses) de haricots rouges,
blancs ou noirs, cuits
1 c. à soupe d'huile
1 oignon, émincé
2 gousses d'ail, hachées
1 poivron vert, en petits morceaux
1 poivron rouge, en petits morceaux
2 branches de céleri, en petits cubes
80 ml (1/3 tasse) de sauce tomate
1 c. à café (1 c. à thé) de basilic
1 c. à café (1 c. à thé) d'origan
1 c. à café (1 c. à thé) de levure sèche
active
Une pincée de sucre
2 c. à soupe d'eau chaude mais
non bouillante
315 g (1 3/4 tasse) de farine
50 g (1/3 tasse) de semoule de maïs
1 c. à café (1 c. à thé) de levure chimique
175 ml (3/4 tasse) de lait
45 g (3/4 tasse) de fromage au choix,
râpé

- Écraser grossièrement les haricots à la fourchette. Réserver.

- Faire revenir les oignons et l'ail dans l'huile pendant 5 min. Ajouter les poivrons et le céleri et continuer la cuisson 5 min de plus.

- Incorporer la sauce tomate et les haricots réservés. Cuire encore quelques minutes en remuant pour que le mélange soit bien homogène et pas trop liquide. Assaisonner avec le basilic et l'origan, retirer du feu et laisser refroidir.

- Pendant ce temps, préparer la pâte : saupoudrer la levure sur l'eau tiède avec le sucre et laisser reposer 10 min.

- Mélanger ensemble la farine, la semoule de maïs et la levure chimique. Ajouter la préparation de levure et le lait et remuer pour former une boule.

- Pétrir la pâte quelques minutes sur une surface légèrement farinée puis la façonner en un rectangle. Étendre la préparation refroidie sur la pâte, répartir le fromage par-dessus et rouler la pâte comme pour faire un gâteau roulé.

- Mettre le pain roulé aux haricots sur une plaque à pâtisserie recouverte de papier parchemin (ou de papier d'aluminium beurré) et cuire au four à 180 °C (350 °F) environ 30 min, jusqu'à ce qu'il soit bien doré. Laisser refroidir le pain environ 10 min avant de le servir.

Tarte aux lentilles

Les câpres sont des boutons floraux du câprier, un petit arbre grimpant cultivé principalement autour de la Méditerranée. Conservées dans un mélange de vinaigre et de sel, elles s'accordent à merveille avec la tomate.

4 À 6 PORTIONS

Une abaisse de pâte brisée précuite
  10 min
60 ml (¹/₄ tasse) d'huile d'olive
2 petits oignons, émincés
2 branches de céleri, en petits morceaux
4 gousses d'ail, hachées
2 c. à soupe de câpres
170 g (³/₄ tasse) de lentilles vertes
  non cuites
440 g (2 tasses) de conserve de tomates
  italiennes, égouttées
1 c. à soupe d'origan
500 ml (2 tasses) d'eau
30 g (¹/₂ tasse) de fromage à gratiner
1 c. à café (1 c. à thé) de graines
  de sésame
1 c. à café (1 c. à thé) de pignons
1 c. à soupe de persil frais, haché
1 c. à soupe de basilic frais, haché
¹/₄ c. à café (¹/₄ c. à thé) d'herbes
  de Provence

- Faire revenir les oignons, le céleri et l'ail dans l'huile. Ajouter les câpres, les lentilles, les tomates, l'origan et l'eau.

- Couvrir et laisser mijoter à feu moyen pendant 1 h en remuant de temps à autre. Écraser au pilon 110 g (¹/₂ tasse) de cette préparation. Remettre dans la casserole, remuer et laisser reposer 10 min.

- Mettre la préparation dans l'abaisse et couvrir la tarte avec le fromage. Mélanger ensemble les graines de sésame, les pignons, le persil, le basilic et les herbes de Provence. Couvrir la tarte avec ce mélange. Cuire au four 15 min, jusqu'à ce que le fromage soit fondu. Servir.

Tourtière de lentilles

Des tourtières de lentilles dans le temps des fêtes ? Et pourquoi pas ?
Si vous hésitez encore, vous pouvez alors la faire moitié lentilles, moitié porc haché.

4 À 6 PORTIONS

335 g (1 ½ tasse) de lentilles vertes,
  non cuites
1 c. à café (1 c. à thé) de poudre d'ail
1 litre (4 tasses) d'eau
2 cubes de concentré de bouillon
  de légumes
1 oignon, finement haché
60 g (1 tasse) de fromage au choix,
  râpé
45 g (³/4 tasse) de chapelure
2 œufs, battus
½ c. à café (½ c. à thé) de piment
  de Jamaïque
Une pincée de clou de girofle
30 g (¼ tasse) d'amandes moulues
1 c. à soupe de sauce soja
284 ml (10 oz) de soupe aux légumes
  en conserve non diluée
1 petite branche de céleri, en cubes
1 c. à café (1 c. à thé) de persil
2 abaisses de pâte brisée non cuites

- Déposer les lentilles et l'ail dans l'eau avec le concentré de légumes. Couvrir et cuire à feu doux de 35 à 45 min. Égoutter s'il y a lieu. Écraser légèrement les lentilles à l'aide d'un pilon.

- Ajouter le reste des ingrédients et verser dans une des abaisses non cuite. Recouvrir de l'autre abaisse et cuire au four à 180 °C (350 °F) environ 45 min. Servir.

Tamale

*Ingrédient de base de la cuisine mexicaine, le maïs y est utilisé sous différentes formes.
Ici, la semoule est incorporée à ce plat national.*

6 PORTIONS

2 c. à soupe d'huile

2 oignons, en tranches

3 gousses d'ail, émincées

1 c. à soupe de cumin moulu

2 c. à café (2 c. à thé) de coriandre
  moulue

1 c. à café (1 c. à thé) d'origan séché

2 c. à soupe d'eau

2 carottes, pelées et coupées en petits
  cubes

1/2 poivron rouge, en petits cubes

1/2 poivron vert, en petits cubes

1 petite courgette, en petits cubes

440 g (2 tasses) de tomates broyées

360 g (2 tasses) de haricots noirs, cuits
  ou au choix

30 g (1/2 tasse) de fromage à gratiner

115 g (3/4 tasse) de semoule de maïs

1 c. à soupe de farine

1 c. à café (1 c. à thé) de levure chimique

Une pincée de bicarbonate de soude

2 blancs d'œuf

125 ml (1/2 tasse) de lait

2 c. à café (2 c. à thé) d'huile

Échalotes et crème sure pour la garniture
  (facultatif)

- Faire revenir les oignons et l'ail dans l'huile.
  Ajouter les épices, l'eau et les carottes et cuire
  5 min.

- Ajouter les poivrons, les courgettes, les tomates
  et les haricots. Couvrir et continuer la cuisson
  environ 10 min. Retirer du feu. Déposer le
  mélange dans un moule en pyrex graissé et
  parsemer du fromage à gratiner. Réserver.

- Préchauffer le four à 200 °C (400 °F). Mélanger
  ensemble la semoule de maïs, la farine, la levure
  chimique et le bicarbonate de soude. Dans un
  autre bol, battre les œufs avec le lait et l'huile.
  Incorporer doucement le liquide à la semoule
  en évitant de trop remuer.

- Étendre cette préparation dans le plat en pyrex
  afin de bien recouvrir le mélange légumes/
  haricots/fromage en pressant légèrement avec
  une spatule. Cuire au four de 30 à 40 min.
  Garnir de crème sure et d'échalotes et servir.

Plats principaux

Casserole à la créole

Résultante de la colonisation espagnole et portugaise, la cuisine créole
est aussi influencée par les cuisines africaine et française.

6 PORTIONS

2 c. à soupe d'huile
3 oignons, émincés
2 gousses d'ail, hachées
4 branches de céleri, hachées
1 gros poivron vert, en morceaux
2 courgettes vertes ou jaunes, en cubes
796 ml (28 oz) de tomates en conserve
  avec leur jus

SAUCE CRÉOLE
2 c. à soupe de pâte de tomates
1 c. à soupe de vinaigre
1 c. à café (1 c. à thé) de moutarde
1 c. à soupe de mélasse ou de cassonade
Une pincée de piment de la Jamaïque
1 c. à café (1 c. à thé) de basilic
$^{1}/_{2}$ c. à café ($^{1}/_{2}$ c. à thé) de thym
360 g (2 tasses) de haricots rouges
  ou noirs, cuits
Sel et poivre au goût
Riz cuit
Oignons verts, émincés

- Faire revenir les oignons et l'ail dans l'huile pendant 5 min. Ajouter le céleri, les poivrons et les courgettes et continuer la cuisson 5 min de plus sans cesser de remuer.

- Verser les tomates sur les légumes et laisser mijoter le tout à feu doux environ 10 min. Pendant ce temps, mélanger tous les ingrédients de la sauce créole.

- Ajouter la sauce au mélange de légumes et continuer la cuisson de 7 à 8 min. Servir avec du riz et garnir avec des oignons verts émincés.

Casserole à l'estragon

*Anciennement utilisé pour soigner les morsures d'animaux
et ayant un goût prononcé, l'estragon doit être employé avec parcimonie.*

4 À 6 PORTIONS

2 c. à soupe d'huile
2 gros poireaux, émincés
3 gousses d'ail, hachées
2 c. à café (2 c. à thé) de graines
   de fenouil
2 grosses pommes de terre, pelées
   et coupées en cubes
796 ml (28 oz) de tomates en conserve,
   hachées
2 grosses carottes, pelées et coupées
   en fines rondelles
125 ml (½ tasse) de vin blanc
360 g (2 tasses) de haricots blancs, cuits
1 c. à café (1 c. à thé) d'estragon séché
2 c. à soupe de persil, haché

- Faire revenir les poireaux, l'ail et le fenouil dans l'huile pendant 10 min, en remuant de temps à autre.

- Ajouter les pommes de terre, les tomates, les carottes et le vin blanc. Couvrir et laisser mijoter à feu moyen environ 15 min.

- Ajouter le reste des ingrédients et continuer la cuisson 5 min de plus. Servir.

Casserole à l'italienne

4 à 6 PORTIONS

2 c. à soupe d'huile d'olive

2 courgettes moyennes, en cubes

1 gros oignon, en tranches

1 branche de céleri, en cubes

½ poivron rouge, en lanières

1 c. à café (1 c. à thé) d'origan séché

2 gousses d'ail, émincées

220 g (1 tasse) de tomates fraîches, en morceaux

360 g (2 tasses) de haricots cannellini, cuits

70 g (1 tasse) d'épinards frais, hachés

30 g (½ tasse) de mozzarella, râpée

Sel et poivre au goût

- Chauffer l'huile et y faire sauter à feu élevé les courgettes, les oignons, le céleri, les poivrons, l'origan et l'ail pendant 3 min.

- Ajouter les tomates et les haricots et continuer la cuisson 2 min de plus.

- Incorporer les épinards et le fromage. Assaisonner et remuer. Retirer du feu au bout de quelques minutes et servir.

Fèves au lard traditionnelles

ENVIRON 10 PORTIONS

454 g (1 lb) de haricots blancs, trempés toute la nuit

60 ml (¼ tasse) de ketchup

2 c. à soupe de mélasse

2 c. à soupe de sirop d'érable

1 c. à café (1 c. à thé) de moutarde (ou un mélange moutarde de Dijon et moutarde ordinaire)

1 gros oignon, haché

300 g (2 tasses) de jambon cuit ou de porc, en petits cubes

Eau pour recouvrir les haricots

- Jeter l'eau de trempage et mettre les haricots dans un plat de grès ou dans un autocuiseur.

- Ajouter le reste des ingrédients et cuire au four ou à l'autocuiseur à feu lent à 120 °C (250 °F) de 6 à 8 h. Ajouter de l'eau au besoin pour éviter que les haricots ne collent au fond, mais éviter de trop remuer. Servir.

Casserole épicée
à la thaïlandaise

La Thaïlande est reconnue pour ses plats épicés. La pâte de cari vert est un mélange d'herbes fraîches, d'épices, de piment et d'huile. Comme son goût est très piquant, il est préférable d'en mettre très peu et d'en ajouter au besoin.

4 À 6 PORTIONS

1 c. à soupe d'huile
1 gros oignon, haché
1 aubergine moyenne, pelée, en cubes
1 patate douce, pelée, en cubes
200 g (2 tasses) de bouquets de brocoli
1/2 poivron rouge, en lanières
1 tomate, en cubes
1 c. à soupe de pâte de cari vert,
  ou plus au goût
250 ml (1 tasse) de jus d'ananas
125 ml (1/2 tasse) d'eau
2 c. à soupe de jus de lime
2 c. à café (2 c. à thé) de basilic
  ou d'un mélange de coriandre
  et de basilic

- Faire revenir les légumes et la pâte de cari 5 min dans l'huile en remuant de temps à autre.

- Ajouter le jus d'ananas, l'eau, le jus de lime et le basilic et amener à ébullition.

- Réduire le feu et continuer la cuisson jusqu'à ce que les légumes soient tendres. Servir sur un lit de riz au goût.

121

Chili végétarien

Habituellement composé de bœuf haché et de haricots rouges,
le chili est un plat mexicain traditionnel.

4 À 6 PORTIONS

2 c. à soupe d'huile

2 gros oignons, émincés

3 gousses d'ail, hachées

2 c. à soupe d'un mélange de cumin,
coriandre, origan, paprika et
d'une pincée de curcuma

2 branches de céleri, émincées

2 carottes, pelées et coupées en petits
cubes

1 courgette, en cubes

1 poivron vert, émincé

1 poivron rouge, émincé

125 ml ($\frac{1}{2}$ tasse) d'eau

250 ml (1 tasse) de salsa douce

2 c. à soupe de pâte de tomates

360 g (2 tasses) de haricots noirs, cuits

360 g (2 tasses) de haricots rouges, cuits

440 g (2 tasses) de tomates en conserve

250 g (2 tasses) de maïs en grains
surgelés

Crème sure

Coriandre ou persil frais

Fromage monterey jack (facultatif)

- Faire revenir les oignons et l'ail dans l'huile pendant quelques minutes.

- Ajouter les épices, le céleri, les carottes, les courgettes et les poivrons et cuire de 5 à 7 min en remuant.

- Ajouter le reste des ingrédients et laisser mijoter à feu doux environ 20 min, jusqu'à ce que les légumes soient tendres.

- Servir dans des bols avec la crème sure, la coriandre fraîche et le monterey jack.

Choux farcis à la sauce rosée

Le chou est originaire de l'Europe de l'Ouest.
Bien qu'on lui attribue des vertus médicinales, il continue à souffrir
d'un complexe d'infériorité ! Moins coûteux et surtout moins prestigieux
que son cousin le brocoli, il gagne à être connu.

6 PORTIONS

10 à 12 grandes feuilles de chou
   sans la tige
2 c. à soupe d'huile
1 gros oignon, finement haché
6 champignons, émincés
1 carotte, pelée et râpée
625 ml (2 ½ tasses) de bouillon
   de poulet
170 g (½ tasse) de riz brun non cuit
55 g (¼ tasse) de lentilles rouges non
   cuites
120 g (½ tasse) de ricotta ou de cottage
2 c. à café (2 c. à thé) d'un mélange
   de basilic, d'origan, de marjolaine
   et d'ail granulé
2 boîtes de 284 ml (10 oz) de soupe
   aux tomates concentrée non diluée
250 ml (1 tasse) de sauce béchamel

- Faire blanchir les feuilles de chou dans l'eau bouillante de 15 à 20 min, jusqu'à ce qu'elles soient ramollies. Égoutter et réserver.

- Faire revenir les oignons, les champignons et les carottes dans l'huile pendant 5 min.

- Verser le bouillon sur les légumes, ajouter le riz et les lentilles. Amener à ébullition, couvrir, réduire le feu et laisser mijoter environ 20 min. Retirer du feu et incorporer le fromage et les assaisonnements en remuant.

- Mettre la garniture sur chaque feuille de chou, replier les extrémités et rouler. Déposer les rouleaux – ouverture vers le bas – dans un plat allant au four.

- Mélanger ensemble la soupe et la béchamel et verser sur les choux. Recouvrir de papier d'aluminium et faire cuire au four 40 min à 180 °C (350 °F). Servir.

123

Couscous

*Au Maghreb (Tunisie, Algérie, Maroc, Mauritanie et Libye), le couscous est
le plat le plus populaire. Préparé à la vapeur dans un couscoussier et cuit dans un bouillon,
il est habituellement composé de mouton, de poulet ou de poisson et accompagné de légumes,
de pois chiches et de raisins secs. La vapeur du bouillon cuit le grain placé dans la partie
supérieure et perforée du couscoussier. Simplifiée, cette version est tout aussi succulente.*

4 À 6 PORTIONS

1 c. à soupe d'huile

1 gros oignon, émincé

2 gousses d'ail, hachées

½ c. à café (½ c. à thé) de chacune
  des épices suivantes : coriandre,
  curcuma, cari, cumin, cannelle moulue,
  garam masala et cardamome

2 grosses carottes, pelées et coupés en
  tronçons de 12 mm (½ po)

200 g (1 tasse) de gros morceaux de navet

2 pommes de terre, en gros morceaux

1 poivron vert, en cubes

200 g (1 tasse) de courge butternut, pelée
  et coupée en cubes

45 g (¼ tasse) de raisins secs

55 g (¼ tasse) de lentilles rouges sèches

500 ml (2 tasses) de bouillon de poulet

2 tomates, en dés

1 petite boîte de couscous de 500 g
  (18 oz)

2 c. à soupe de pistaches ou d'amandes
  coupées en tranches

- Faire revenir l'ail et les oignons dans l'huile quelques minutes. Ajouter les épices, le reste des légumes, les raisins et les lentilles et cuire de 3 à 4 min en remuant.

- Verser le bouillon sur les légumes avec les tomates, couvrir et laisser mijoter environ 20 min, jusqu'à ce que les légumes soient tendres.

- Préparer le couscous selon les indications inscrites sur la boîte.

- Au moment de servir, étendre le couscous sur une assiette et couvrir avec les légumes et le bouillon. Décorer avec les pistaches ou les amandes.

Cari indien

Le cari désigne à la fois un mélange d'épices et un plat. Pour cette recette, si vous n'avez pas de chutney à la mangue, utilisez de la marmelade d'oranges ou de la confiture d'abricots.

4 PORTIONS

2 c. à soupe d'huile

1 gros oignon, haché

1 c. à soupe de cari

1 c. à café (1 c. à thé) de chacun : cumin, coriandre, gingembre et curcuma

2 c. à soupe de farine tout usage

500 ml (2 tasses) de bouillon de poulet ou de légumes

90 g (½ tasse) de raisins secs

1 c. à soupe de noix de coco râpée non sucrée

1 c. à soupe d'amandes, en tranches

2 c. à soupe de chutney à la mangue

1 pomme rouge, pelée et râpée

1 c. à café (1 c. à thé) de ketchup

1 c. à café (1 c. à thé) de sucre

1 c. à café (1 c. à thé) de sauce Worcestershire

400 g (2 tasses) de pois chiches, cuits

320 g (2 tasses) de riz basmati, cuit

- Faire revenir les oignons dans l'huile quelques minutes. Ajouter le cari, le cumin et la farine en remuant, et incorporer délicatement le bouillon.

- Ajouter les autres ingrédients, sauf le riz, et laisser mijoter environ 20 min. Servir le cari sur le riz.

125

Fenouil et lentilles au gratin

Si vous ne disposez pas de fenouil, remplacez-le par des poireaux
ou des lanières de chou vert. Procédez de la même façon que pour le fenouil.

6 PORTIONS

2 bulbes de fenouil
1 litre (4 tasses) d'eau bouillante
1 c. à soupe d'huile
1 oignon, haché
2 gousses d'ail, émincées
125 ml ($^1/_2$ tasse) de vin blanc
796 ml (28 oz) de tomates en conserve,
   en dés
270 g (1 $^1/_2$ tasse) de lentilles brunes,
   cuites
2 c. à soupe d'un mélange des fines
   herbes suivantes : basilic, origan, thym,
   persil, marjolaine et ciboulette
375 ml (1 $^1/_2$ tasse) de sauce béchamel
30 g ($^1/_2$ tasse) de cheddar, râpé
50 g ($^1/_4$ tasse) de parmesan, râpé
15 g ($^1/_4$ tasse) de chapelure

- Couper les branches vertes des bulbes de fenouil. Couper la partie blanche des bulbes en tranches de 6 mm ($^1/_4$ po) d'épaisseur. Jeter dans l'eau bouillante et cuire 15 min, jusqu'à ce qu'ils soient tendres. Égoutter et réserver.

- Faire revenir les oignons et l'ail dans l'huile quelques minutes. Ajouter le vin, les tomates, les lentilles et les fines herbes. Couvrir et laisser mijoter 15 min.

- Dans un plat allant au four, étendre au fond la moitié de la sauce aux tomates. Placer ensuite les morceaux de fenouil par-dessus puis terminer avec le reste de la sauce aux tomates. Napper avec la sauce béchamel.

- Mélanger ensemble le fromage râpé, le parmesan et la chapelure et verser sur la béchamel. Cuire au four à découvert à 180 °C (350 °F) pendant 45 min. Servir.

Fettuccini alfredo version santé

Vous pouvez ajouter à cette recette du brocoli, une ou deux tomates hachées et une carotte râpée pour faire un plat plus complet. Que faire avec le restant du lait de soja utilisé dans cette recette ? L'ajouter aux recettes de muffins à l'orange ou du pouding au riz que vous trouverez plus loin dans cet ouvrage, à vos recettes de crêpes ou de gâteaux, ou le consommer tel quel avec vos céréales.

4 À 6 PORTIONS ET 750 ML (3 TASSES) DE SAUCE

360 g (2 tasses) de cannellini, cuits
385 ml (13 oz) de lait écrémé évaporé
125 ml (½ tasse) de lait de soja nature
  (ne pas utiliser du lait de soja
  à la vanille)
1 c. à café (1 c. à thé) de poudre d'ail
Une pincée de muscade
30 g (½ tasse) de parmesan, râpé
10 g (¼ tasse) de persil frais, haché
Parmesan au goût
4 à 6 portions de fettuccini, cuits

- Au mélangeur, réduire en une belle purée lisse les haricots, le lait évaporé, le lait de soja, la crème, l'ail et la muscade.

- Réchauffer la préparation au four à micro-ondes ou quelques minutes sur la cuisinière en remuant souvent. Ajouter alors le parmesan et bien remuer.

- Répartir les nouilles dans 4 assiettes ; arroser de sauce et décorer avec le persil frais et le parmesan. Servir.

127

Gougère aux haricots rouges

*Ne soyez pas surpris de voir s'affaisser la pâte à choux
quelques minutes après sa sortie du four. Cela n'altérera pas du tout l'apparence
et le goût de la gougère. Vous pouvez aussi la remplacer par de la pâte feuilletée.*

4 à 6 PORTIONS

PÂTE À CHOUX
90 g (½ tasse) de farine tout usage
Une pincée de sel
80 g (⅓ tasse) de beurre
175 ml (¾ tasse) d'eau
2 œufs, battus
120 g (1 tasse) de gruyère, râpé
1 c. à café (1 c. à thé) de moutarde
   de Dijon

GARNITURE
1 c. à soupe d'huile
1 oignon, émincé
1 carotte, pelée et râpée
150 g (1 tasse) de champignons,
   en tranches
½ c. à café (½ c. à thé) de cari
2 c. à soupe de farine tout usage
300 ml (1 ¼ tasse) de lait
1 c. à soupe d'un mélange des fines
   herbes suivantes : ciboulette, persil
   et marjolaine
220 g (1 tasse) de haricots rouges, cuits

- Pour préparer la pâte à chou : Mélanger ensemble la farine et le sel. Réserver. Faire chauffer l'eau et le beurre jusqu'à ce qu'il fonde. Ajouter la farine en une seule fois. Remuer vigoureusement et laisser refroidir environ 10 min.

- Pendant ce temps, préparer la garniture : Faire revenir les oignons, les carottes et les champignons dans l'huile quelques minutes.

- Incorporer le cari et la farine et verser progressivement le lait en remuant à l'aide d'un fouet. Ajouter les fines herbes, puis les haricots. Réserver.

- Lorsque la pâte est refroidie, incorporer les œufs un à un en remuant après chaque addition d'œuf. Ajouter le fromage râpé et la moutarde et bien remuer.

- Verser la garniture au centre d'un moule à gâteau rond beurré et disposer la pâte à choux tout autour. Cuire au four à 180 °C (350 °F) de 30 à 45 min. Laisser reposer 5 min et servir.

Gratin tout en un

Pour gagner du temps, utilisez des légumes surgelés.
Vous pouvez aussi ajouter du poulet ou du jambon en cubes. La farce peut être remplacée
par une purée de pommes de terre, une abaisse de pâte non cuite, quelques rangs
de pâtes phyllo ou de la pâte bisquick utilisée pour la recette du pot pie (p. 103).

6 PORTIONS

1 c. à café (1 c. à thé) d'huile
1 gros oignon, haché
360 g (2 tasses) de haricots blancs, cuits
2 boîtes de 284 ml (10 oz) de soupe
  condensée, non diluée, au brocoli
  ou aux champignons
175 ml (³/₄ tasse) de lait
100 g (1 tasse) de brocoli, cuit
100 g (1 tasse) de chou-fleur, cuit
120 g (1 tasse) de cheddar, râpé
1 boîte de mélange à farce (mélange
  pour farcir une dinde) ou 100 g
  (2 tasses) de chapelure de pain
  mélangée à un peu de beurre fondu

- Faire revenir les oignons dans l'huile quelques minutes. Retirer du feu.

- Dans un bol, mélanger ensemble les haricots blancs, les oignons, la soupe et le lait. Verser dans un moule en pyrex beurré et couvrir avec les légumes et le fromage. Réserver.

- Préparer le mélange à farce tel qu'indiqué sur l'emballage. Étendre la farce sur les légumes, presser et cuire au four à découvert à 180 °C (350 °F) environ 20 min. Servir.

129

Lasagne aux épinards

Le pesto de tomates séchées est un ingrédient indispensable dans toute cuisine digne de ce nom. Utilisez-le entre autres en vinaigrette, en sandwich, dans les soupes ou sur des légumes cuits.

4 À 6 PORTIONS

GARNITURE AUX ÉPINARDS
140 g (2 tasses) d'épinards frais
  ou surgelés, finement hachés
240 g (1 tasse) de ricotta
1 œuf, battu
Une pincée de muscade

GARNITURE AUX HARICOTS BLANCS
1 c. à café (1 c. à thé) d'huile
2 gousses d'ail, émincées
1 poivron rouge, émincé
360 g (2 tasses) de haricots cannellini,
  cuits
3 c. à soupe de crème sure
  ou de yogourt épais
3 c. à soupe de pâte de tomates
2 c. à soupe de pesto de tomates séchées
  (facultatif)
1 œuf, battu

POUR L'ASSEMBLAGE
9 ou 12 lasagnes cuites (selon
  la grandeur du moule)
750 ml (3 tasses) de sauce tomate
150 g (2 tasses) de mozzarella, râpée

- Pour préparer la garniture aux épinards : Mélanger tous les ingrédients ensemble à l'aide du robot de cuisine et réserver.

- Pour préparer la garniture aux haricots : Faire revenir l'ail dans l'huile quelques minutes. Ajouter les poivrons rouges et continuer la cuisson jusqu'à ce que celui-ci soit ramolli.

- Dans le bol du robot de cuisine, réduire en purée l'ail et les poivrons sautés, les cannellini, la crème sure, la pâte de tomates, le pesto et l'œuf. Réserver.

- Étendre le tiers des lasagnes au fond d'un moule. Verser par-dessus toute la préparation aux épinards. Recouvrir avec l'autre tiers des lasagnes, toute la préparation aux haricots, la moitié de la mozzarella, puis les dernières lasagnes. Verser la sauce tomate et couvrir avec le restant de la mozzarella.

- Recouvrir d'un papier d'aluminium et cuire au four à 180 °C (350 °F) pendant 30 min. Enlever le papier d'aluminium et cuire 10 min de plus. Servir.

Lasagne aux lentilles

*Lorsque vous faites cette recette, prenez la peine de préparer un plat
de surplus que vous pourrez congeler pour un prochain repas. Vous aurez ainsi
un mets nourrissant à portée de la main
pour un de ces soirs où vous n'aurez pas envie de cuisiner.*

6 PORTIONS

2 c. à soupe d'huile

1 oignon, haché

2 gousses d'ail, émincées

1 petit poivron rouge, émincé

150 g (1 tasse) de champignons,
   en tranches

360 g (2 tasses) de lentilles, cuites

156 ml (5 ½ oz) de pâte de tomates

250 ml (1 tasse) de bouillon de poulet
   ou de légumes

2 c. à soupe de sauce soja

1 c. à soupe d'un mélange de thym, persil,
   basilic, graines de céleri et marjolaine

1 boîte de 375 g (13 oz) de lasagnes
   non cuites

500 ml (2 tasses) de crème sure maigre

2 œufs, battus

250 g (3 tasses) d'un mélange de
   mozzarella, de cheddar et de parmesan

- Faire revenir les oignons et l'ail dans l'huile quelques minutes. Ajouter les poivrons rouges et les champignons et cuire de 5 à 7 min en remuant.

- Incorporer les lentilles, la pâte de tomates, le bouillon, la sauce soja et les fines herbes. Remuer et laisser mijoter 7 ou 8 min.

- Mettre 4 ou 5 lasagnes au fond d'un moule en les faisant se chevaucher ; couvrir avec la moitié de la sauce aux lentilles et le tiers du fromage. Répéter l'opération une autre fois, puis faire une troisième couche de lasagnes.

- Mélanger ensemble la crème sure et les œufs et verser sur les lasagnes.

- Garnir avec le fromage restant, couvrir d'un papier d'aluminium vaporisé d'enduit antiadhésif et cuire au four à 180 °C (350 °F) de 35 à 40 min. Servir.

131

Lentilles françaises à la saucisse

Pour faire votre propre mélange d'herbes de Provence, mélangez en quantités égales thym, basilic, ail, persil, marjolaine, origan et cerfeuil. Si vous n'avez pas de vin blanc, remplacez-le par 125 ml (¹/₂ tasse) de bouillon.

4 PORTIONS

165 g (³/₄ tasse) de lentilles du Puy
 ou de petites lentilles brunes
560 ml (2 ¹/₄ tasses) de bouillon de bœuf
3 gousses d'ail, émincées
1 grosse carotte, pelée et coupée en petits
 cubes
1 c. à café (1 c. à thé) de thym séché
1 c. à soupe d'huile
1 oignon, haché
2 gousses d'ail, émincées
1 c. à café (1 c. à thé) d'herbes
 de Provence
3 c. à soupe de pâte de tomates
175 ml (³/₄ tasse) de bouillon de bœuf
175 ml (³/₄ tasse) de vin blanc
3 à 4 grosses saucisses de Toulouse douces
2 c. à soupe de persil frais, haché

- Pour préparer les lentilles : Mettre tous les ingrédients dans une casserole et amener à ébullition. Réduire le feu et laisser mijoter environ 45 min, jusqu'à ce que les lentilles soient tendres et que le bouillon soit absorbé. Réserver.

- Mettre les saucisses dans un plat rempli d'eau et cuire au micro-ondes 5 min. Égoutter.

- Faire revenir les saucisses avec 1 c. à soupe d'huile dans une grande casserole. Couvrir et cuire de 10 à 15 min en remuant de temps à autre et en ajoutant un peu d'eau au besoin pour éviter qu'elles ne collent au fond.

- Laisser refroidir entre deux feuilles de papier essuie-tout. Couper en biseaux et réserver.

- Ne pas essuyer la casserole et y faire revenir les oignons en ajoutant une petite quantité d'huile si nécessaire.

- Ajouter les herbes, la pâte de tomates, le bouillon de bœuf et le vin. Laisser mijoter à couvert 5 min. Ajouter les saucisses et les lentilles et cuire de 5 à 7 min de plus. Servir décoré de persil frais.

Moussaka aux deux légumineuses

Plat traditionnel grec, la moussaka ressemble à une lasagne et contient habituellement de la viande remplacée ici par des légumineuses. Farcir individuellement les tranches d'aubergine de la garniture et en faire de petits rouleaux est une autre façon de la préparer.

4 PORTIONS

2 grosses aubergines coupées sur
   la longueur en tranches de 6 mm ($^1/_4$ po)
   (Il faut suffisamment de tranches pour
   couvrir 2 rangs de votre moule. Couper
   environ 8 tranches pour un moule de
   23 x 30 cm (9 X 12 po)
3 c. à soupe d'huile d'olive
250 g (1 tasse) de feta, émiettée
250 g (8 oz) de ricotta
1 c. à café (1 c. à thé) d'origan
Une pincée de cannelle moulue
1 c. à café (1 c. à thé) d'ail granulé
180 g (6 oz) d'épinards hachés
750 ml (3 tasses) de sauce tomate
360 g (2 tasses) de haricots blancs, cuits
360 g (2 tasses) de haricots rouges, cuits
120 g (2 tasses) de mozzarella, râpée
250 ml (1 tasse) de crème fleurette (15 %)

- Placer les tranches d'aubergine sur une plaque à pâtisserie et les badigeonner d'huile d'olive. Cuire au four environ 15 min en les retournant à mi-cuisson. Réserver.

- Mélanger ensemble la feta, la ricotta, l'origan, la cannelle moulue, l'ail et les épinards et réduire en purée. Réserver.

- Dans un plat allant au four préalablement graissé, étendre la moitié de la sauce tomate et la moitié des tranches d'aubergine par-dessus ; couvrir avec la moitié du mélange d'épinards et tous les haricots.

- Recommencer un autre rang avec le restant des tranches d'aubergine, le restant du mélange d'épinards et le restant de la sauce tomate.

- Couvrir de mozzarella et arroser de crème. Cuire au four à découvert à 180 °C (350 °F) de 35 à 45 min. Servir.

133

Pâté chinois aux lentilles

Le pâté chinois aux lentilles peut très bien être préparé et congelé avant la dernière cuisson pour une consommation ultérieure. Pour varier, incorporez des patates douces, des carottes cuites ou un peu de rutabaga cuit à la purée de pommes de terre.

4 À 6 PORTIONS

1 c. à soupe d'huile
1 gros oignon, haché
2 gousses d'ail, émincées
225 g (1 tasse) de grosses lentilles vertes
  ou brunes non cuites
1 c. à soupe de concentré de bouillon
  de bœuf
½ c. à café (½ c. à thé) de sauce
  Worcestershire
750 ml (3 tasses) d'eau
5 pommes de terre, pelées
  et grossièrement coupées
1 litre (4 tasses) d'eau
2 c. à soupe de beurre
2 c. à soupe de lait
60 ml (¼ tasse) de crème fleurette (15 %)
2 c. à soupe de parmesan
Sel, poivre, paprika, persil et ciboulette

- Faire revenir les oignons et l'ail dans l'huile jusqu'à ce qu'ils soient légèrement brunis. Ajouter les lentilles, le bouillon et la sauce Worcestershire et remuer un peu.

- Verser 750 ml (3 tasses) d'eau sur les lentilles et cuire à découvert de 20 à 30 min, jusqu'à ce qu'elles soient tendres. Ajouter un peu d'eau au besoin pour éviter qu'elles ne collent au fond.

- Cuire les pommes de terre dans 1 litre (4 tasses) d'eau environ 20 min, jusqu'à ce qu'elles soient tendres. Égoutter et réduire en purée avec le beurre, le lait, la crème et le parmesan. Assaisonner au goût. Mettre de côté.

- Lorsque les lentilles sont cuites, les écraser grossièrement au pilon en prenant soin de retirer le surplus de liquide s'il y a lieu ; la purée ne doit cependant être ni trop épaisse ni trop liquide.

- Placer la préparation de lentilles dans le fond d'un moule carré en pyrex.

- Étendre par-dessus le maïs en crème puis la purée de pommes de terre. Cuire à découvert au four à 180 °C (350 °F) pendant 10 min et servir.

Pâtes aux épinards

6 PORTIONS

1 c. à soupe d'huile d'olive
4 gousses d'ail, émincées
1 gros poivron rouge, en lanières
1 paquet d'épinards frais lavés,
  essorés et hachés
1 tomate, en morceaux
360 g (2 tasses) de haricots cannellini,
  cuits
600 g (3 tasses) de rigatoni, cuits
60 ml ($\frac{1}{4}$ tasse) de bouillon de légumes
  ou de poulet
2 c. à soupe de jus de citron
Sel et poivre au goût
50 g ($\frac{1}{4}$ tasse) de parmesan, râpé

- Faire revenir l'ail dans l'huile de 1 à 2 min en évitant de le faire brunir.

- Ajouter les poivrons et faire sauter 3 ou 4 min.

- Ajouter les épinards et les tomates et cuire de 7 à 8 min en remuant de temps à autre.

- Incorporer les cannellini, les pâtes, le bouillon et le jus de citron. Bien remuer. Servir avec du parmesan.

Sauté de légumes à la sauce noire

Durant la brève période de gloire des fameux woks,
je ne mangeais que des légumes sautés. J'y ajoutais tout ce que je trouvais
d'intéressant : du poulet, des fruits de mer, du steak, du tofu, des nouilles, des légumineuses
ou des noix : tout y est passé ! Vous pouvez faire de même avec cette sauce
qui se prépare en un rien de temps et qui peut être congelée.

175 ml (³/₄ tasse) de bouillon de poulet
I c. à soupe de vinaigre de cidre
  ou de vinaigre de riz
I c. à soupe de cassonade
2 c. à soupe de sauce soja ou teriyaki
I oignon vert, émincé
I c. à café (I c. à thé) d'huile de sésame
Une pincée de gingembre
45 g (¹/₄ tasse) de haricots noirs, cuits
480 g (I lb) de légumes à la chinoise
  surgelés
I c. à soupe de fécule de maïs
2 c. à soupe d'eau

- Faire chauffer ensemble les 8 premiers ingrédients de 3 à 4 min. Passer au mélangeur et
  réserver.

- Faire sauter les légumes tel qu'indiqué sur l'emballage. Quand ils sont presque cuits, incorporer
  la sauce en remuant.

- Diluer la fécule de maïs dans l'eau et la verser
  sur les légumes. Remuer et servir sur des ver-
  micelles de riz, des nouilles chinoises ou du riz
  cuit, au goût.

Spaghettis à la sauce italienne aux pois chiches

Vous pouvez remplacer le pesto par 3 c. à soupe de basilic séché ou 10 g (¼ tasse) de basilic frais. Passez la sauce au mélangeur pour une texture plus uniforme.

4 PORTIONS

3 c. à soupe d'huile d'olive
I gros oignon, haché
3 gousses d'ail, émincées
2 branches de céleri, en dés
2 carottes, pelées et coupées en dés
½ poivron rouge, en dés
½ poivron vert, en dés
I courgette moyenne, en dés
I petite aubergine italienne, en dés
4 gros champignons, en tranches
250 ml (I tasse) de bouillon de poulet
500 ml (2 tasses) de tomates en conserve
400 g (2 tasses) de pois chiches, cuits
I c. à café (I c. à thé) de sucre
2 c. à soupe de pesto
I c. à soupe d'un mélange des épices
   suivantes : persil, thym, fenouil et
   origan
Sel et poivre
4 portions de spaghettis cuits

• Faire revenir les oignons et l'ail dans l'huile quelques minutes. Ajouter le céleri, les carottes, les poivrons, les courgettes et les aubergines et faire sauter 3 ou 4 min.

• Incorporer tous les autres ingrédients et laisser mijoter de 30 à 40 min en remuant de temps à autre. Servir sur un lit de spaghettis.

137

Desserts

Gâteau aux fraises et son sirop

Le temps des fraises venu, je ne peux m'empêcher de faire ce fabuleux gâteau.
Son goût est divin et son sirop rose bonbon vous donne envie d'en redemander.

6 À 8 PORTIONS

GÂTEAU

270 g (1 ½ tasse) de haricots blancs,
  cuits
1 c. à café (1 c. à thé) de levure chimique
30 g (¼ tasse) de poudre d'amandes
6 œufs
120 g (½ tasse) de sucre
1 c. à café (1 c. à thé) de vanille
  ou d'essence d'amande
60 g (¼ tasse) de beurre, fondu
185 g (1 ½ tasse) de fraises, équeutées
  et coupées en tranches

SIROP

180 g (¾ tasse) de sucre
1 c. à café (1 c. à thé) de vanille
125 g (1 tasse) de fraises
1 c. à soupe de fécule de maïs
125 ml (½ tasse) d'eau
60 ml (¼ tasse) de crème fleurette (15 %)

- Écraser les haricots avec un pilon comme pour faire une purée de pommes de terre lisse. Ajouter la levure chimique et les amandes et réserver.

- Battre les œufs. Ajouter le sucre et la vanille et continuer de battre de 5 à 7 min. Pendant que le mélangeur est toujours en marche, incorporer la purée de haricots aux œufs, puis le beurre.

- Verser la moitié de la préparation dans un moule à cheminée bien beurré et légèrement fariné. Répandre les fraises sur le mélange et couvrir avec le reste de la pâte.

- Cuire au four 30 min à 180 °C (350 °F), renverser sur une assiette pour démouler et laisser complètement refroidir.

- Pour préparer le sirop : Mélanger le sucre, les fraises et la vanille. Amener à ébullition et cuire 5 min. Délayer la fécule dans l'eau et l'ajouter au sirop. Retirer du feu, ajouter la crème et laisser refroidir. Napper le gâteau de sirop et servir.

Gâteau au fromage, aux abricots et à la crème sure

Le gâteau au fromage occupe la deuxième place de mon palmarès de desserts favoris. Après le gâteau au chocolat bien sûr! Il peut facilement être congelé.

6 À 8 PORTIONS

CROÛTE
90 g (1 ½ tasse) de chapelure de biscuits Graham
80 g (⅓ tasse) de beurre, fondu

GÂTEAU
300 g (1 tasse) d'abricots séchés
Eau bouillante
270 g (1 ½ tasse) de haricots blancs, cuits
250 g (8 oz) de fromage à la crème
1 c. à café (1 c. à thé) de vanille
2 c. à soupe de jus de citron
1 c. à soupe de zeste de citron
4 œufs
150 g (½ tasse) + 2 c. à soupe de sucre
2 c. à soupe de confiture d'abricots ou de marmelade d'oranges

GARNITURE
250 ml (1 tasse) de crème sure
1 c. à café (1 c. à thé) de vanille
2 c. à soupe de jus de citron
2 c. à soupe de sucre
135 g (½ tasse) confiture d'abricots

- Recouvrir les abricots d'eau bouillante et laisser reposer 20 min.

- Pour préparer la croûte : Mélanger ensemble la chapelure et le beurre fondu. Répartir dans un moule à fond amovible et cuire au four à 180 °C (350 °F) pendant 7 min.

- Pour préparer le gâteau : Égoutter les abricots, rincer à l'eau froide et réduire en purée avec 2 c. à soupe d'eau. Réserver. Dans le bol du robot de cuisine, réduire en purée les haricots, le fromage, la vanille, le jus de citron, le zeste, les œufs, le sucre et la confiture. Procéder en deux fois si le robot de cuisine n'est pas suffisamment grand. Ajouter la purée d'abricot, verser la préparation sur la croûte et cuire 45 min.

- Pour préparer la garniture : Mélanger ensemble la crème sure, la vanille, le jus de citron et le sucre. Quand le gâteau est cuit, le recouvrir de la garniture et continuer la cuisson 8 min de plus. Laisser refroidir au moins 1 h.

- Fondre la confiture d'abricots restante et laisser tiédir environ 10 min. Lorsqu'elle est tiède, la verser sur le gâteau. Laisser le gâteau refroidir complètement dans le réfrigérateur une nuit avant de démouler et servir.

141

Gâteau au fromage,
aux framboises et à la crème sure

D'une texture un peu plus légère que le précédent,
ce gâteau pourrait tout aussi bien être fait avec des fraises.

6 à 8 PORTIONS

Croûte (voir recette page précédente)

GÂTEAU
270 g (1 ½ tasse) de haricots blancs,
  cuits
250 g (8 oz) de fromage à la crème
250 ml (1 tasse) de cocktail de framboises
  surgelé, non dilué et décongelé
65 g (¼ tasse) de confiture de framboises
1 c. à café (1 c. à thé) de vanille
4 œufs
150 g (½ tasse) + 2 c. à soupe de sucre

GARNITURE
250 ml (1 tasse) de crème sure
1 c. à café (1 c. à thé) de vanille
2 c. à soupe de jus de citron
2 c. à soupe de sucre
135 g (¾ tasse) de purée de framboises
  fraîches
125 ml (½ tasse) d'eau
1 boîte de 10,9 g de poudre pour gelée
  aux framboises (Jello)
Crème fouettée
Framboises fraîches

- Préparer la croûte et réserver.

- Réduire en purée à l'aide du robot de cuisine tous les ingrédients du gâteau. Procéder en deux fois si votre robot de cuisine n'est pas suffisamment grand.

- Verser la préparation sur la croûte et cuire 45 min.

- Pour préparer la garniture : Mélanger ensemble la crème sure, la vanille, le jus de citron et le sucre. Quand le gâteau est cuit, le couvrir de la garniture et continuer la cuisson 8 min de plus. Laisser refroidir le gâteau dans son moule environ 2 h.

- Mélanger ensemble la purée de framboises fraîche et l'eau et incorporer la poudre pour gelée. Chauffer 1 min au micro-ondes pour dissoudre la gélatine. Remuer et laisser tiédir.

- Verser la gélatine sur le gâteau et laisser refroidir celui-ci plusieurs heures au réfrigérateur ou toute la nuit. Pour démouler, passer un couteau autour du gâteau et retirer les côtés du moule. Servir avec un peu de crème fouettée et de framboises fraîches.

Gâteau renversé aux pommes et aux noix

Ce gâteau aussi facile que rapide à préparer est un vrai délice.
Il se mange chaud ou froid et est encore meilleur avec une touche de crème glacée.

6 PORTIONS

80 g (¹/₃ tasse) de beurre, fondu
120 g (¹/₂ tasse) de sucre
¹/₄ c. à café (¹/₄ c. à thé) de cannelle
   moulue
I grosse pomme jaune, évidée et coupée
   en fines tranches
4 à 5 tranches de pain de blé entier,
   écroûtées et aplaties au rouleau à pâte
180 g (I tasse) de haricots blancs, cuits
100 g (¹/₂ tasse) de cassonade
40 g (¹/₃ tasse) d'amandes en poudre
I c. à café (I c. à thé) de vanille
2 œufs
40 g (¹/₃ tasse) de noix de Grenoble
   ou de pacanes, hachées

- Mélanger ensemble le beurre, le sucre et la cannelle et répandre au fond d'un moule à tarte profond ou d'un moule à gâteau.

- Répartir la pomme sur le beurre. Disposer les tranches de pain de façon à recouvrir complètement les pommes. Réserver.

- Dans le bol du mélangeur, réduire en purée les haricots avec la cassonade, la poudre d'amandes, la vanille et les œufs. Ajouter les noix et verser dans le moule sur les tranches de pain.

- Lisser la surface et cuire au four à 180 °C (350 °F) pendant 30 min. Laisser reposer 10 min avant de renverser sur une assiette et servir.

Brownies magiques

*J'ai deux péchés : les frites et le chocolat. Je deviens complètement gaga
devant un morceau de gâteau au chocolat. Si je m'écoutais, j'en mangerais tous les jours.
Heureusement pour moi, et pour vous, voici une recette de brownies ultrafaible en gras
et absolument savoureuse. Ils sont moelleux et bons pour la santé ! Pour varier et
si vous voulez vous éloigner du cacao, essayez la poudre de caroube. Ils peuvent
être congelés, quand il en reste. Vous verrez, ce sont des brownies magiques
parce qu'ils disparaissent en un rien de temps !*

16 PETITS CARRÉS

220 g (1 tasse) de purée de haricots noirs
(mélanger des haricots noirs, cuits à
l'aide du robot de cuisine avec juste ce
qu'il faut d'eau pour leur donner une
texture légèrement mouillée)

50 g (¼ tasse + 2 c. à soupe) de poudre
de cacao

75 g (¼ tasse + 2 c. à soupe) de
compote de pommes non sucrée

15 g (¼ tasse) de chapelure de biscuits
Graham au chocolat ou ordinaire

2 œufs

1 c. à soupe de vanille

2 c. à soupe d'huile végétale

180 g (¾ tasse) de sucre, de fructose
ou d'édulcorant hypocalorique

60 g (½ tasse) de noix de Grenoble,
hachées + 2 c. à soupe (facultatif)

- Avec une cuillère de bois, battre ensemble la purée de haricots noirs, le cacao, la compote et la chapelure. Réserver.

- Dans un autre bol, mélanger ensemble les œufs, la vanille, l'huile et le sucre.

- Ajouter ce mélange à la première préparation et incorporer les 60 g (½ tasse) de noix. Verser dans un moule carré de 20 x 20 cm (8 x 8 po) préalablement huilé ou vaporisé d'un enduit antiadhésif, et parsemer le dessus avec les noix restantes.

- Cuire au four à 180 °C (350 °F) pendant 40 min. Laisser les brownies refroidir avant de les découper en carrés et de les servir.

144

Gâteau aux bananes

*Des haricots dans un gâteau ? L'origine de la galette des rois vient du temps
où on fêtait les Saturnales, au début de janvier, quand les journées allongent.
La fête prenait fin avec la dégustation d'un gâteau rond symbolisant le soleil
et dans lequel on plaçait un haricot représentant Saturne, le dieu des semailles.
Celui qui trouvait le haricot dans sa part devenait le roi des festins pour une année entière.
Les Saturnales furent remplacées par l'Épiphanie.*

8 PORTIONS

270 g (1 ½ tasse) de haricots cannellini,
  cuits

60 ml (¼ tasse) de jus d'orange
  concentré congelé, non dilué

60 g (¼ tasse) de beurre

180 g (¾ tasse) de cassonade bien tassée

270 g (1 ½ tasse) de purée de dattes
  (voir recette)

3 bananes, écrasées à la fourchette

60 ml (¼ tasse) de yogourt à la vanille

2 gros œufs battus

1 c. à café (1 c. à thé) de vanille

10 pruneaux, dénoyautés et hachés

120 g (1 tasse) de noix de pacanes,
  grossièrement hachées

405 g (2 ¼ tasses) de farine blanche
  non blanchie

125 g (1 ¼ tasse) de flocons d'avoine

1 c. à café (1 c. à thé) de levure chimique

1 c. à café (1 c. à thé) de bicarbonate
  de soude

1 c. à café (1 c. à thé) de cannelle moulue

Une pincée de piment de la Jamaïque

Une pincée de cardamome

• Pour faire la purée de dattes, remplir une grande
  tasse à mesurer en pyrex avec 270 g (1 ½ tasse)
  de dattes à cuire et couvrir avec de l'eau.
  Chauffer au four à micro-ondes 3 min, réduire
  en purée au mélangeur et laisser refroidir.

• Réduire en purée les haricots blancs avec le jus
  d'orange et réserver.

• Dans le bol du mélangeur, défaire le beurre en
  pommade avec la cassonade. Ajouter la purée
  de dattes, les bananes, la purée de haricots, le
  yogourt, les œufs, la vanille, les pruneaux et les
  noix.

• Dans un autre bol, mélanger ensemble le reste
  des ingrédients et les incorporer à la première
  préparation.

• Verser le tout dans un moule à cheminée bien
  huilé et cuire environ 1 h à 180 °C (350 °F).
  Laisser refroidir, démouler et servir.

145

Brioches à la cannelle

Ce qu'il y a de merveilleux avec ces brioches, c'est que vous pouvez les préparer la veille et les faire cuire au lever. Votre famille s'éveillera avec le sourire à l'odeur de la cannelle. Vos voisins, eux, croiront que votre cuisine est devenue une boulangerie tellement ça sent bon !

24 BRIOCHES

PÂTE

360 g (2 tasses) de haricots blancs, cuits
2 œufs
60 g ($^1/_4$ tasse) de sucre
Une pincée de sel
1 c. à café (1 c. à thé) de vanille
60 g ($^1/_4$ tasse) de beurre, fondu
250 ml (1 tasse) de lait, chaud
1 sachet de 8 g de levure instantanée
  (à action rapide)
Environ 900 g (5 tasses) de farine
  blanche non blanchie

GARNITURE

180 g (1 tasse) de haricots blancs, cuits et écrasés
  au pilon
120 g ($^1/_2$ tasse) de beurre mou
180 g ($^3/_4$ tasse) de cassonade
1 c. à soupe de cannelle moulue
1 c. à café (1 c. à thé) de cardamome
2 c. à soupe de jus de pomme
180 g (1 tasse) de raisins secs
60 g ($^1/_2$ tasse) de pacanes, hachées

146

- Pour préparer la pâte : Réduire en purée les haricots avec les œufs, le sucre, le sel, la vanille, le beurre et la moitié du lait. Ajouter la levure et 360 g (2 tasses) de farine.

- Transvider dans un bol. À l'aide d'une spatule, ajouter 180 à 360 g (1 à 2 tasses) de farine pour faire une boule. Saupoudrer le restant de la farine sur la surface de travail et y déposer la boule.

- Travailler la pâte avec les mains en la pétrissant pour qu'elle absorbe la farine. La boule demeurera collante.

- Mettre dans un bol et couvrir d'un linge humide. Laisser lever 1 h dans un endroit à l'abri du froid et des courants d'air (un four éteint par exemple).

- Pendant ce temps, préparer la garniture : Mélanger ensemble à l'aide du robot de cuisine les haricots, le beurre, la cassonade, les épices et le jus de pomme. Réserver à la température ambiante.

- Lorsque la pâte a levé, fariner légèrement la main et donner un coup de poing dans la pâte. La renverser sur un plan de travail fariné et l'abaisser en un carré de 45 x 45 cm (18 x 18 po). Avec le dos d'une cuillère à soupe, étendre la garniture sur toute la surface. Répandre les raisins et les noix par-dessus.

- Couper la pâte au milieu et la rouler pour obtenir 2 gros rouleaux qui seront à leur tour coupés en 12 morceaux égaux. Déposer les morceaux côté coupé vers le haut sur 2 moules carrés beurrés de 20 x 20 cm (8 X 8 po) en pyrex. Couvrir à nouveau d'un linge et laisser lever environ 20 min. À ce stade-ci les brioches pourraient être conservées dans le réfrigérateur jusqu'au lendemain matin ou même être congelées avant la cuisson.

- Cuire au four à 180 °C (350 °F) environ 25 min, jusqu'à ce que ce que les brioches soient dorées. Servir chaudes ou froides.

147

Tartelettes au fromage et aux petits fruits

Vous avez sans doute compris que je suis une « congeleuse ».
Je m'efforce en effet de faire des recettes qui peuvent facilement être congelées.
C'est pourquoi faire 8 tartelettes même lorsqu'on n'est que 2 ou 3 personnes
dans la famille ne pose aucun problème. Vous aurez un joli dessert à présenter
lorsque des invités se pointeront à l'improviste. Vive la congélation !

DONNE **8** TARTELETTES
DE 13 CM (5 PO) CHACUNE

270 g (1 ½ tasse) de farine
¼ c. à café (¼ c. à thé) de sel
120 g (½ tasse) de beurre
   ou de margarine
1 c. à café (1 c. à thé) de vinaigre
Eau très froide
125 g (½ tasse) de fromage à la crème
   ramolli
120 g (½ tasse) de sucre
3 œufs
1 c. à café (1 c. à thé) de vanille
2 c. à soupe de jus de citron
250 ml (1 tasse) de crème épaisse (35 %)
360 g (2 tasses) de haricots blancs, cuits
   et écrasés au pilon
300 g (10 oz) de petits fruits surgelés
   (fraises, framboises, bleuets et mûres),
   non décongelés
8 moules à tartelettes en aluminium
   de 13 cm (5 po) de diamètre

- À l'aide du robot de cuisine, mélanger ensemble la farine et le sel. Ajouter le beurre et battre jusqu'à consistance de sable. Incorporer le vinaigre et suffisamment d'eau froide pour obtenir une boule molle et légèrement collante.

- Mettre la boule de pâte dans un papier ciré et la laisser reposer 30 min dans le réfrigérateur.

- Abaisser la pâte et couper 8 cercles de 15 cm (6 po) de diamètre à l'aide d'un bol renversé. Agrandir légèrement avec le rouleau à pâte et déposer les abaisses dans les moules à tartelettes. Réserver.

- Pour préparer la garniture : À l'aide du robot de cuisine, mélanger le fromage, le sucre, les œufs, la vanille, le jus de citron, la crème et terminer par les haricots blancs. Réserver.

- Répartir les petits fruits congelés sur les croûtes des tartelettes en ayant soin de couper les fruits qui sont trop gros.

- Verser également la préparation au fromage dans chacune des tartelettes et couper l'excédent de pâte au ciseau si nécessaire.

- Cuire au four à 180 °C (350 °F) environ 30 min. Laisser refroidir et servir.

Tarte au fromage et au chocolat

*Saviez-vous que la poudre de cacao fut inventée en 1828 par
le Hollandais Conrad Van Houten ? Cette tarte aux allures de mousse au chocolat
doit son parfum à la poudre de cacao. Bien qu'elle puisse se manger tiède,
elle est encore plus savoureuse servie bien froide avec de la crème fouettée.*

6 PORTIONS

CROÛTE

160 g (2 ⅔ tasses) de chapelure
  de biscuits au chocolat
160 g (⅔ tasse) de beurre, fondu
80 g (⅓ tasse) de sucre

GARNITURE

125 g (½ tasse) de fromage à la crème,
  ramolli
120 g (½ tasse) de sucre
3 gros œufs
250 ml (1 tasse) de crème épaisse (35 %)
1 c. à café (1 c. à thé) de vanille
30 g (⅓ tasse) de poudre de cacao
360 g (2 tasses) de haricots noirs,
  cuits et écrasés au pilon

- Pour préparer la croûte : Mélanger ensemble la chapelure, le beurre et le sucre et les presser dans un moule à fond amovible. Cuire au four 8 min à 180 °C (350 °F). Réserver.

- Pour préparer la garniture : Mélanger au robot de cuisine le fromage avec le sucre et tous les autres ingrédients en terminant par les haricots noirs.

- Déposer sur la croûte de biscuits et cuire au four à 180 °C (350 °F) de 30 à 45 min. Laisser refroidir. Servir immédiatement avec de la crème fouettée.

149

Croustillant aux canneberges, aux nectarines et aux pistaches à la menthe

La menthe donne à ce croustillant un goût très rafraîchissant.
C'est un dessert simple à servir à vos invités pour clore un bon repas.
Il se mange tout aussi bien chaud que froid et est délicieux
accompagné d'une boule de crème glacée à la vanille ou aux pistaches.

4 À 6 PORTIONS

GARNITURE

180 g (1 tasse) de haricots rouges, cuits
160 g (²/₃ tasse) de sucre
80 ml (¹/₃ tasse) d'eau
1 c. à soupe de fécule de maïs
185 g (1 ¹/₂ tasse) de canneberges
  surgelées, non décongelées
30 g (¹/₄ tasse) de pistaches, hachées
1 c. à café (1 c. à thé) d'essence
  de menthe ou de crème de menthe
  blanche
3 nectarines dénoyautées, pelées
  et coupées en tranches

CROUSTILLANT

90 g (¹/₂ tasse) de farine
100 g (¹/₂ tasse) de cassonade
80 g (¹/₃ tasse) de beurre
75 g (³/₄ tasse) de flocons d'avoine
30 g (¹/₄ tasse) de pistaches, pulvérisées

- Pour préparer la garniture : À l'aide du mélangeur, réduire en purée les haricots avec le sucre et l'eau. Transvider dans un bol et ajouter le reste des ingrédients. Bien mélanger. Déposer la garniture dans un moule à gratin beurré et réserver.

- Pour préparer la croûte : Mettre tous les ingrédients dans le mélangeur pour obtenir une consistance sableuse. Recouvrir la garniture de ce mélange et presser légèrement. Cuire au four 30 min à 180 °C (350 °F) et servir.

Muffins à l'orange, à l'avoine et au pavot

Ces muffins sont consistants sans être trop lourds.
Attention ! Il faut les démouler avec précaution pour éviter de les briser.

12 MUFFINS

400 g (2 tasses) de pois chiches, cuits
80 ml (¹/₃ tasse) de concentré de jus
 d'orange congelé, non dilué
160 g (²/₃ tasse) de sucre
175 ml (³/₄ tasse) de lait
1 gros œuf
60 ml (¹/₄ tasse) d'huile
Zeste de 2 oranges
2 c. à soupe de graines de pavot
2 c. à soupe de graines de tournesol
 (facultatif)
200 g (2 tasses) de flocons d'avoine
 non cuits
1 c. à soupe de levure chimique
1 c. à soupe de bicarbonate de soude

• À l'aide du robot de cuisine, réduire en purée les pois chiches avec le jus d'orange, le sucre, le lait, l'œuf et l'huile.

• Ajouter le zeste d'orange, les graines de pavot et de tournesol et transvider le mélange dans un bol. Réserver.

• Dans un autre bol, mélanger ensemble les flocons d'avoine, la levure chimique et le bicarbonate de soude. Incorporer délicatement au premier mélange sans trop remuer.

• Verser dans des moules à muffins beurrés et cuire au four 25 min à 180 °C (350 °F). Laisser refroidir avant de démouler.

Pouding au riz, aux agrumes et au thé

Les haricots blancs conviennent bien à ce pouding. Si vous n'avez pas de thé au citron,
ajoutez simplement le jus d'un demi-citron à une infusion de thé.
Pour varier, vous pouvez aussi ajouter une banane réduite en purée.

4 à 6 PORTIONS

60 ml ($^1/_4$ tasse) d'infusion de thé au citron
340 g (1 tasse) de riz blanc non cuit
750 ml (3 tasses) de lait
135 g ($^3/_4$ tasse) de raisins secs
180 g (1 tasse) de haricots blancs réduits
 en purée lisse au pilon
1 c. à soupe de zeste de citron
1 c. à café (1 c. à thé) de vanille
Une pincée de muscade
125 ml ($^1/_2$ tasse) de lait
30 g ($^1/_4$ tasse) de noix de coco râpée
 non sucrée
160 g ($^2/_3$ tasse) de sucre
2 c. à soupe de jus d'orange concentré
 congelé non dilué
2 œufs

SAUCE

175 ml ($^3/_4$ tasse) de jus de citron
 fraîchement pressé
60 ml ($^1/_4$ tasse) de jus d'orange fraîchement
 pressé
2 sachets de thé Earl Grey
160 g ($^2/_3$ tasse) de sucre
2 c. à café (2 c. à thé) de miel
Zeste d'un demi-citron
80 ml ($^1/_3$ tasse) d'eau
80 ml ($^1/_3$ tasse) de crème fleurette (15 %)
 (facultatif)
2 c. à café (2 c. à thé) de fécule de maïs

- Mélanger ensemble le thé au citron, le riz, le lait et les raisins. Couvrir et cuire à feu moyen de 20 à 30 min, jusqu'à ce que le liquide soit absorbé. Retirer du feu. Ajouter les haricots en purée et le reste des ingrédients et bien remuer. Verser dans un plat allant au four et cuire de 30 à 40 min à 180 °C (350 °F). Laisser tiédir puis mettre dans le réfrigérateur dans des coupes à dessert. Napper de sauce, décorer avec un peu de zeste de citron et de graines de pavot et servir.

- Pour préparer la sauce : Mélanger ensemble les jus de citron et d'orange, les sachets de thé, le sucre, le miel, le zeste de citron et l'eau. Mettre 60 ml ($^1/_4$ tasse) de ce mélange de côté pour y délayer la fécule de maïs. Amener à ébullition et retirer les sachets de thé en pressant bien. Ajouter la fécule délayée et remuer jusqu'à épaississement. Retirer du feu et incorporer la crème. Servir chaud ou froid.

Strudel aux pruneaux et aux raisins

La combinaison des pruneaux et des haricots noirs donne à ce dessert la particularité d'être très riche en fibres. Vous pouvez l'aromatiser à la liqueur de votre choix. Il peut également être fait avec de la pâte phyllo. Il suffit de superposer plusieurs feuilles de pâte séparées par une bonne couche de beurre fondu. Et plutôt que de rouler la pâte en strudel, on peut en faire de petits chaussons. En passant, ne vous attardez pas trop à la couleur de la garniture…

8 PORTIONS

PÂTE
360 g (2 tasses) de farine
$^1/_4$ c. à café ($^1/_4$ c. à thé) de sel
80 ml ($^1/_3$ tasse) d'huile végétale
125 ml ($^1/_2$ tasse) d'eau très froide

GARNITURE
200 g ($^3/_4$ tasse) de pruneaux, dénoyautés
  et coupés en deux
135 g ($^3/_4$ tasse) de raisins secs
500 ml (2 tasses) d'eau bouillante
180 g (1 tasse) de haricots noirs,
  cuits écrasés au pilon
$^1/_4$ c. à café ($^1/_4$ c. à thé) de gingembre
  moulu
$^1/_4$ c. à café ($^1/_4$ c. à thé) de piment
  de la Jamaïque
$^1/_2$ c. à café ($^1/_2$ c. à thé) de cannelle moulue
80 g ($^1/_3$ tasse) de sucre
1 pomme pelée, évidée et coupée en petits
  morceaux
Zeste d'un demi-citron
30 g ($^1/_4$ tasse) d'amandes en tranches
80 g ($^1/_3$ tasse) de beurre, fondu
2 c. à soupe d'amandes en poudre
  (facultatif)
Sucre glace

- Pour préparer la pâte : Mélanger la farine et le sel. Faire un puits au centre et y verser l'huile. Travailler la pâte avec les doigts pour obtenir une texture de sable. Ajouter l'eau graduellement afin que la pâte soit molle et collante. Faire une boule, la déposer dans un papier ciré et la laisser reposer 30 min dans le réfrigérateur.

- Pour préparer la garniture : Arroser les pruneaux et les raisins secs avec l'eau bouillante et laisser reposer 30 min. Égoutter.

- Dans un bol, mélanger les haricots noirs avec les pruneaux et les raisins secs. Ajouter les épices, le sucre, la pomme, le zeste de citron et les amandes. Bien remuer à la fourchette et réserver.

- Étendre la pâte sur une surface farinée et faire un grand carré de 50 x 50 cm (20 x 20 po). Badigeonner de beurre fondu (réserver au moins 2 c. à soupe de beurre fondu).

- Saupoudrer des amandes en poudre et étendre la garniture sur toute la longueur de la pâte, mais uniquement sur le côté près de soi.

- Rouler la pâte comme un gâteau roulé. Couper le strudel en deux et le déposer sur une plaque à pâtisserie légèrement beurrée.

- Badigeonner avec le beurre fondu restant et cuire au four à 180 °C (350 °F) de 30 à 40 min. Laisser tiédir environ 10 min, saupoudrer de sucre glace, découper en tranches et servir.

153

Crêpes libanaises
à la fleur d'oranger

*Très simples à faire, ces crêpes fourrées à la crème ont un parfum des mille
et une nuits. L'eau de fleur d'oranger se vend principalement dans les marchés
d'aliments orientaux, mais on peut la trouver dans la section des aliments ethniques
de certains supermarchés. Peu coûteuse, elle peut aussi servir de tonique
pour le visage ou parfumer un masque facial à l'argile!*

DONNE 4 PORTIONS
DE 2 CRÊPES CHACUNE

CRÊPES

120 g ($^3/_4$ tasse) de farine
180 g (1 tasse) de haricots blancs,
   cuits
375 ml (1 $^1/_2$ tasse) de lait
1 œuf
1 c. à café (1 c. à thé) de levure chimique
$^1/_2$ c. à café ($^1/_2$ c. à thé) de bicarbonate
   de soude

GARNITURE

60 ml ($^1/_4$ tasse) d'eau
1 sachet de gélatine sans saveur
250 ml (1 tasse) de crème épaisse (35 %)
3 c. à soupe de sucre glace
240 g (1 tasse) de ricotta
$^1/_2$ c. à soupe d'eau de fleur d'oranger
30 g ($^1/_4$ tasse) de pistaches, pulvérisées

SIROP

250 ml (1 tasse) d'eau
300 g (1 $^1/_4$ tasse) de sucre
2 c. à soupe d'eau de fleur d'oranger

154

- Pour préparer les crêpes : Mélanger tous les ingrédients à l'aide du robot de cuisine. Chauffer un peu d'huile dans une poêle et y verser environ 60 ml ($\frac{1}{4}$ tasse) du mélange à crêpes. Étendre avec une cuillère pour obtenir une crêpe d'environ 15 cm (6 po) de diamètre. Cuire de 3 à 4 min de chaque côté. Répéter l'opération pour obtenir 8 crêpes minces et réserver au frais.

- Pour préparer la garniture : Faire gonfler la gélatine dans l'eau 5 min, puis chauffer 1 min au micro-onde pour dissoudre la gélatine. Laisser tiédir.

- Battre la crème avec le sucre glace jusqu'à l'obtention de pics fermes. Réserver au frais.

- Mettre la ricotta dans un bol, ajouter la gélatine tiédie et l'eau de fleur d'oranger et battre à la fourchette. À l'aide d'une spatule, incorporer délicatement la crème fouettée et laisser reposer 30 min dans le réfrigérateur.

- Pour préparer le sirop : Mélanger tous les ingrédients et amener à ébullition. Cuire de 3 à 4 min, retirer du feu et laisser refroidir.

- Pour l'assemblage des crêpes : Plier une crêpe en quatre, la tenir dans une main entre le pouce et l'index, pointe vers le bas. Avec l'autre main, ouvrir la crêpe pour former un petit cône. La moitié de la crêpe aura une épaisseur et l'autre moitié, trois épaisseurs.

- Remplir la cavité avec la préparation de ricotta et saupoudrer de pistaches. Déposer dans un plat en pyrex profond et répéter l'opération avec les sept autres crêpes.

- Verser le sirop refroidi au fond du moule et laisser reposer au moins 30 min dans le réfrigérateur. Servir 2 crêpes par personne. Napper de sirop.

155

Index des recettes

157

Table des matières

Achevé d'imprimer au Canada
en février 2003
sur les presses de Transcontinental
Division Imprimerie Gagné